Steven D. Farmer, Ph.D.

Krafttiere

Steven D. Farmer, Ph.D.

Krafttiere

Die Verbindung
zu deinem Geistführer
aus der Tierwelt

Titel der Originalausgabe:
»Power Animals«
Copyright © 2006 by Steven D. Farmer Ph.D.
Original English Language Publication 2006 by
Hay House, Inc. California, USA

Aus dem Englischen von Nayoma de Haën
1. Auflage März 2007
Lektorat: Delia Rösel
Illustrationen: Eric Nesmith
Umschlag: Lisa Sprissler
Deutsche Ausgabe: © KOHA-Verlag GmbH Burgrain
Alle Rechte vorbehalten
Gesamtherstellung: Karin Schnellbach
Druck: CPI Moravia Books
ISBN 978-3-936862-98-0

Für die Tiere

Inhalt

Einführung

Erster Teil: Entdecke dein Krafttier

9

1. Was sind Krafttiere?	13
2. Geistführer und Krafttiere	15
3. Dein Krafttier und du	17
4. Die Verbindung mit der geistigen Welt	19
5. Vier Arten der Wahrnehmung	21
6. Krafttiere und Schamanismus	23
7. Das Reich der nichtalltäglichen Wirklichkeit	25
8. Das Finden und Zurückholen deines Krafttieres	27
9. Das Ehren deines Krafttieres	30
10. Weissagung und Zeichen von den Geistführern aus der Tierwelt	32
11. Erläuterung zum zweiten Teil	34
12. Weitere Anregungen	36

Zweiter Teil: Die Krafttiere

Adler: Der Große Geist	39
Bär: Innenschau	43
Biber: Produktivität	47
Büffel: Versorgung	51
Delfin: Kommunikation	55
Eichhörnchen: Vorbereitung	59
Eidechse: Traumzeit	63
Elefant: Entschlossenheit	67
Eule: Weisheit	71
Frosch: Läuterung	75
Fuchs: Gestaltwandel	79
Giraffe: Vorausschau	83

Habicht: Perspektive	87
Känguru: Fülle	91
Kaninchen: Fruchtbarkeit	95
Kojote: Paradox	99
Kolibri: Freude	103
Libelle: Licht	107
Löwe: Würde	111
Luchs: Geheimnisse und Vertraulichkeiten	115
Opossum: Strategie	119
Otter: Das innere Weibliche	123
Panther (Leopard /Jaguar): Leidenschaft	127
Pferd: Freiheit	131
Puma (Berglöwe): Führungskraft	135
Rabe (Krähe): Magie	139
Reh: Sanftmut	143
Schildkröte/Seeschildkröte: Mutter Erde	147
Schlange: Auferstehung	151
Schmetterling: Transformation	155
Schwan: Anmut	159
Seehund (Robbe /Seelöwe): Vorstellungskraft	163
Taube: Gelassenheit	167
Wal: Innere Tiefe	171
Waschbär: Findigkeit	175
Wolf: Hüter	179
Nachwort	182

Anhang

Schlüsselmerkmale der Krafttiere	184
Literaturempfehlung	186
Organisationen	186
Danksagung	187
Über den Autor	189

»Frage doch das Vieh, das wird dich's lehren, und die Vögel unter dem Himmel, die werden dir's sagen, oder die Sträucher der Erde, die werden dich's lehren, und die Fische im Meer werden dir's erzählen.«
HIOB, 12,7-8

»Jahrtausende vor Charles Darwin waren die Menschen in schamanischen Kulturen davon überzeugt, dass Menschen und Tiere miteinander verwandt sind. In ihren Mythen zum Beispiel hatten die Tiere im Allgemeinen menschliche Gestalt. Ihre Persönlichkeitsmerkmale entsprachen denjenigen der unterschiedlichen Tierarten, die heute in der Wildnis existieren. ... Verschiedene Schöpfungsmythen berichten, wie die Tiere dann die jeweilige körperliche Gestalt erhielten, in der sie heute zu finden sind.«
MICHAEL HARNER, *DER WEG DES SCHAMANEN*

Anmerkung: Obwohl im Text die Pronomen dem allgemein üblichen Sprachgebrauch entsprechend verwendet wurden, können Krafttiere in ihrer männlichen oder ihrer weiblichen Form auftreten.

Einführung

Du bist im Begriff, dich auf eine Reise zu begeben, die dein Leben von Grund auf verändern kann. Vielleicht bist du bereits in Kontakt mit einem Geistführer, vielleicht ist das auch ein völlig neues Konzept für dich. Wie auch immer, wenn du dein Krafttier kennen lernst und eine persönliche Beziehung zu ihm entwickelst, öffnest du damit die Tür zu einer spirituellen Kraft, die dich schützen, führen und heilen kann. Ein Krafttier ist ein Geistführer aus der Tierwelt, der dich stärken kann und dir helfen wird, sowohl mit der spirituellen als auch mit der irdischen Welt besser zurechtzukommen.

Bevor wir anfangen, möchte ich darauf hinweisen, dass du vielleicht nach der Lektüre dieses Buches nur *ein* Krafttier für dich gefunden hast, trotzdem spreche ich gelegentlich im Plural von ihnen, weil du im Laufe der Zeit und mit zunehmender Erfahrung Beziehungen zu mehreren Krafttieren entwickeln kannst.

Seit alten Zeiten, als wir Menschen noch eine unmittelbarere Beziehung zu den Tieren hatten, mit denen wir die Erde gemeinsam bewohnten, gibt es die Vorstellung von Krafttieren. Wir finden sie in fast allen Kulturen. Wiewohl dieses Konzept mit dem Schamanismus in Verbindung steht, braucht man kein Schamane zu sein, um von der Beziehung zu einem Krafttier zu profitieren. Die Begegnung und die Arbeit mit deinem Krafttier benötigt lediglich deine Offenheit und Bereitschaft, dich auf dieses Gebiet einzulassen. In diesem Buch gebe ich genaue Anweisungen, wie du dein Krafttier finden, mitnehmen und damit arbeiten kannst.

Dieses Buch besteht aus zwei Teilen. Im ersten Teil erkläre ich, was ein Krafttier ist, wie du ihm begegnen und wie du zu ihm eine Beziehung entwickeln kannst. Im zweiten Teil findest du 36 verschiedene Krafttiere dargestellt. Neben einer Botschaft des jeweiligen Tiergeistes sind dort die Eigenschaften, die du wahrscheinlich aufweist, wenn dies dein Krafttier ist, aufgeführt, bei welchen Problemen es helfen kann und wie du es rufen kannst. Diese Zusammenstellung ist natürlich unvollständig. Auch wenn dein Krafttier im zweiten Teil nicht aufgeführt wird, ist es wichtig, dass du lernst, direkt mit ihm zu kommunizieren.

Am besten liest du zunächst den ersten Teil ganz durch und blätterst dann im zweiten Teil vielleicht zuerst zu den Tieren, zu denen du dich besonders hingezogen fühlst. Anschließend kannst du die Reise zu deinem Krafttier machen und eine Beziehung zu ihm entwickeln.

Nimm dir Zeit für all dies. Dieses Abenteuer wird dir helfen, leichter und mit mehr Selbstvertrauen durch dein Leben zu gehen. Möge dein Weg gesegnet sein!

Dieses Buch kannst du ebenfalls als Orakel verwenden. Damit kannst du herausfinden, welcher Tiergeist momentan mit dir arbeitet und du kannst Antworten auf deine Fragen erhalten. Das können Fragen zu Beruf, Beziehung oder Finanzen sein. Halte das Buch in deinen Händen, nimm ein paar tiefe Atemzüge, denk an deine Frage und blättere nun durch den zweiten Teil des Buches. Sobald du den Impuls verspürst, halt an und öffne das Buch an der Stelle. Geh zur ersten Seite des betreffenden Tieres und lies die Botschaft auf deine Frage.

TEIL I
Entdecke dein Krafttier

1

Was sind Krafttiere?

Krafttiere sind Helfer aus der geistigen Welt, die in Gestalt von Tieren auftauchen. Es sind Verbündete, die uns bei den Herausforderungen des Lebens zur Seite stehen. Du kannst sie in jeder Angelegenheit um Rat und Hilfe bitten, sie haben den Überblick und sind vertrauenswürdig. Sie sind ebenfalls exzellente Lehrer, die dir viel über die geistige Welt und die Natur beibringen können. Der regelmäßige Umgang mit ihnen wird dein persönliches Leben bereichern und deine spirituellen Fähigkeiten erheblich verbessern.

Krafttiere können in Meditationen, Visionen, Träumen, auf schamanischen Reisen oder in ihren irdischen Gestalten zu dir kommen. Es kann sich um Säugetiere, Vögel oder Reptilien handeln, sogar um Fabelwesen wie Einhörner oder Drachen. Da die Kraft dieser geistigen Wesen aus ihrer Verbindung mit ihrem Instinkt und ihrer ungezähmten Natur stammt, sind echte Haustiere als Krafttiere selten.

Die Kraftquelle deines Krafttieres ist kein einzelnes Tier, sondern die ganze Art. Arbeitest du zum Beispiel mit einem Bären, so repräsentiert dieses geistige Wesen die gesamte Art der Bären.

Ein positiver Nebeneffekt der Arbeit mit deinem Krafttier ist, dass du eine größere Wertschätzung für diese Tierart entwickeln wirst, wahrscheinlich sogar für die gesamte Tierwelt. Handelt es sich bei deinem Krafttier beispielsweise um einen Delfin, wird sich deine Liebe und Zuneigung wahrscheinlich zunächst auf alle Wasserwesen ausdehnen und von da aus auch auf die Tiere auf dem Land und in der Luft. Dein

Krafttier lehrt dich, seine Kraft mitfühlend und zum Wohle aller anzuwenden und dabei dich selbst und andere zu heilen und zu stärken.

2

Geistführer und Krafttiere

Spirituelle Wesen, die uns auf positive Weise helfen, werden meistens *Geistführer, Geisthelfer* oder *Helfer aus der geistigen Welt* genannt. Sie schützen uns, führen uns und schenken uns Mut und Inspiration. Im Laufe unseres Lebens können wir viele Geisthelfer haben, ob wir uns ihrer bewusst sind oder nicht. Manche begleiten uns seit unserer Kindheit, andere tauchen in bestimmten Lebensphasen auf, wo sie uns vielleicht durch eine schwierige Zeit helfen. Solche Geistführer können Engel, aufgestiegene Meister, Heilige, Ahnen, Feen oder eben auch Krafttiere sein.

Geistige Begleiter aus der Tierwelt werden bei den Naturvölkern als Krafttiere oder als Totemtiere bezeichnet. Diese Begriffe werden oft synonym verwendet, obwohl sich ihre Bedeutung etwas unterscheidet. Der Begriff des Totemtieres ist weiter verbreitet. Bei vielen Stammeskulturen gibt es ein Stammestotem, ein anderes Totem für die Sippe und ein weiteres für die Familie, in die man geboren wurde. Moderne Gesellschaften kennen solche Totems ebenfalls, zum Beispiel der Lions Club. Auch im Sport identifizieren sich Mannschaften gerne mit einem Tier, zum Beispiel nennt sich die Fußballmannschaft des TSV 1860 München die »Löwen«, die Kölner Eishockeymannschaft heißt »Die Haie«. Sogar das Christentum kennt die Totems des Lamms und des Fisches.

Viele Eltern geben ihrem Kind ein besonderes Schutz-Totem, zum Beispiel in Gestalt eines Teddybären, von dem sie dem Kind gegenüber behaupten, dass er es beschützen würde.

Das Kind glaubt den Eltern und durch diesen Glauben ruft es unbewusst den Geist dieses Tieres und seine Kräfte herbei. Dadurch kann der Bär zum persönlichen Totem oder Krafttier für das Kind werden, das es bis weit in sein Erwachsenenleben hinein begleitet.

Krafttiere stehen nicht mit einer Familie oder Gruppe in Verbindung, sondern sind dem einzelnen Individuum zugeordnet. Genau wie Totemtiere stärken sie uns im täglichen Leben und beschützen uns auch, wenn wir die *nichtalltägliche Wirklichkeit* erkunden – das Reich der geistigen Wesen, jenseits des Schleiers unserer gewöhnlichen Wahrnehmung.

3

Dein Krafttier und du

Sowohl Krafttiere als auch Totemtiere sind, genauso wie die anderen Geisthelfer, in der nichtalltäglichen Wirklichkeit zuhause. Wir wollen uns in diesem Buch mit den Krafttieren befassen, weil wir zu ihnen eine persönlichere Beziehung als zu den Totemtieren entwickeln können. In Meditationen, schamanischen Reisen, Träumen und Visionen können wir mit ihnen Kontakt aufnehmen und sie um Rat, Heilung oder Schutz bitten.

Im Gegensatz zu anderen Geistwesen können uns die meisten Krafttiere auch im Alltag in ihrer physischen Form begegnen. Wenn dein Krafttier in seiner irdischen Gestalt auftaucht, kann dies je nach Situation und Verhalten des Tieres ein Zeichen für dich sein.

Vielleicht kennst du dein Krafttier bereits. Wenn nicht, findest du in diesem Buch eine Anleitung dafür, wie du es finden kannst.

Du suchst dir dein Krafttier nicht aus, sondern ihr erwählt einander. Im Laufe deines Lebens hattest du vielleicht verschiedene Lieblingstiere, vielleicht sogar Totemtiere, aber keines davon muss dein Krafttier gewesen sein. Wenn sich dir ein Tier als dein Krafttier zeigt, liegt es an dir, es als solches zu akzeptieren. In gewissem Sinne geht ihr eine Art »Seelenvereinbarung« ein zum beiderseitigen Wohle. Deinem Tiergeist bereitet es Freude, mit dir zu arbeiten und durch deine Sinne die gewöhnliche Wirklichkeit zu erfahren, und du bekommst einen Tiergeist, der dich berät, heilt und dir Kraft gibt.

Im Laufe meines Lebens hatte ich Beziehungen zu mehreren Tierwesen der geistigen Welt. Manche von ihnen waren mir bekannt, andere haben mich begleitet, ohne dass ich es bemerkt habe. Seit ich in den letzten Jahren den schamanischen Weg gehe, habe ich zu verschiedenen Tiergeistern eine bewusste Beziehung entwickelt. Zurzeit arbeite ich mit vier Krafttieren. Mein erstes Krafttier kam vor über fünfzehn Jahren in einem Tanz zu mir, die anderen kamen später, nach und nach. Ich möchte nicht sagen, welche Tiere es sind, denn ich halte diese heiligen Beziehungen für höchst persönlich und privat. (Ich habe meine Tiere gefragt und sie sind ganz meiner Meinung!) Man sollte sehr sorgsam bedenken, wem man davon erzählt, wenn überhaupt. Es ist wichtig, diese Beziehungen mit höchstem Respekt zu behandeln, sonst schwächt man die Kraft, die aus ihnen hervorgehen kann.

Die Gemeinschaft zwischen dir und deinem Krafttier ist nicht zufällig. Ihr erwählt einander zum Teil, weil eure Eigenschaften zueinander passen. Das heißt, du ähnelst in gewisser Weise deinem Krafttier. Manche dieser Eigenschaften mögen dir bewusst sein, bei anderen handelt es sich vielleicht um verborgene Schattenaspekte deiner selbst. Wenn diese Charakterzüge bisher unterdrückt wurden, werden sie im Laufe der Entwicklung deiner Beziehung zu deinem Krafttier stärker ans Licht kommen.

Es ist auch wichtig, die Beziehung zu deinem Krafttier zu pflegen, so wie du es mit jeder wichtigen Freundschaft tust. Die Aufgabe deines Krafttieres ist es, auf dich aufzupassen und dir auf verschiedene Weisen zu helfen. Im Gegenzug kann es durch dich an der Erfahrung des Menschseins teilhaben. Solange du es ehrst und gut behandelst, wird es bei dir bleiben. In späteren Kapiteln mache ich einige Vorschläge, wie du dein Krafttier ehren und deine Beziehung zu ihm stärken kannst.

Dein Tier verleiht dir Kraft – du schenkst ihm Dankbarkeit und Zuneigung. Das ist ein guter Austausch.

4

Die Verbindung mit der geistigen Welt

Bevor du dich auf die Suche nach deinem Krafttier begibst, ist es nützlich zu wissen, wie du mit der geistigen Welt bewusst Verbindung aufnehmen kannst. Atem, klare Absicht und empfängliche Aufmerksamkeit sind die drei wesentlichen Komponenten, mit denen du dich für spirituelle Erfahrungen öffnen kannst.

Atem – Jeder, der sich schon einmal intensiver mit Meditation befasst hat, wird dir sagen, dass bewusstes Atmen hilft, sich zu entspannen, besonders wenn man unter Stress steht. Dieser Zustand der Entspannung bildet auch eine wesentliche Grundlage für jegliche spirituelle Arbeit. Er ermöglicht dir die Kontaktaufnahme mit der nichtalltäglichen Wirklichkeit. Zum bewusst Atmen, atmest du erst mal ganz aus. Atme dann langsam ein, während du dir im Stillen sagst: »Ich bin...«. Dann atmest du aus und beendest den Satz mit »... entspannt.« Wiederhole dies ein paar Mal und finde dabei einen angenehmen, gleichmäßigen Atemrhythmus. Diese Worte im Rhythmus deines Atmens zu wiederholen hilft, deine Aufmerksamkeit bei deiner Atmung zu halten.

Klare Absicht – Bei jeder spirituellen Aktivität ist es wichtig, zu wissen, in welcher Absicht du an die Sache herangehst. Während der Meditation kann deine Absicht ganz einfach darin bestehen, bewusst zu atmen oder auf ein Mantra konzentriert zu sein oder einfach zu bemerken, was du gerade erfährst. Deine Absicht ist das, was du erleben willst, und

19

wenn es mit dem göttlichen Wunsch übereinstimmt, wird es geschehen. Sobald du dir über deine Absicht im Klaren bist, kannst du den nächsten Schritt tun.

Empfängliche Aufmerksamkeit – Wenn du entspannt bist und deine Absicht im Sinn hast, geht es nur noch darum, eine Haltung empfänglicher Aufmerksamkeit einzunehmen. Diese entsteht meistens durch den Übergang in einen veränderten Bewusstseinszustand, eine leichte Trance, in der du gleichzeitig ganz entspannt und ganz aufmerksam bist. Dieser Zustand kann auf verschiedenen Wegen erreicht werden, zum Beispiel durch Meditation, Tanzen, Singen, Trommeln, Rasseln oder durch das Sitzen in Stille. Es ist auch eine CD erhältlich, auf der ich Trommeln, Rasseln und die rhythmischen Klänge des Didgeridoos als Hilfsmittel zur Trance anbiete. All diese seit Urzeiten erprobten Wege können dir helfen, dein Krafttier zu finden und mit ihm zu arbeiten.

5

Vier Arten der Wahrnehmung

Deine Wahrnehmung der nichtalltäglichen Wirklichkeit und damit auch der Krafttiere erfolgt auf eine der folgenden vier Wahrnehmungsweisen oder durch eine Kombination von ihnen. Die meisten von uns neigen von Natur aus zu einer oder zweien davon und wir verlassen uns darauf. Mit ein wenig Übung kannst du jedoch lernen, auch auf die anderen Arten wahrzunehmen. Welchen Weg du auch wählen magst: Spirituelle Informationen können entweder als Ergebnis deiner gerichteten Absicht zu dir kommen oder von selbst und unerwartet. Die vier Wahrnehmungsweisen sind:

Hellsehen – Dies ist die visuelle Form der Wahrnehmung, das heißt, du siehst die geistigen Wesen, meistens mit geschlossenen Augen, aber manchmal auch mit offenen. Manche Menschen sind für diese Art des Sehens begabt, aber vielleicht liegt dir eine andere Art der Wahrnehmung mehr.

Hellhören – Dabei hörst du die Stimmen der geistigen Wesen, die dir helfen wollen. Meistens hörst du sie in deinem Kopf, manchmal scheint es jedoch, als kämen sie von außen. Du kannst die Botschaften deines Krafttieres an ihrer positiven und stärkenden Art erkennen, im Gegensatz zu den Botschaften deines Egos oder deines inneren Kritikers, die oft grob, verurteilend und negativ sind. Die einzige Ausnahme bilden Notsituationen, in denen auch Stimmen aus der geistigen Welt laut und befehlend sein können, zum Beispiel wenn sie dir zurufen: »Bremsen! Sofort!«

Hellfühlen – Dies ist der kinesthetische Weg, auf dem du dein Krafttier durch Körperempfindungen, Gefühle und Düfte wahrnimmst. Du spürst dein Krafttier einfach.

Hellwissen – In diesem Fall kommunizierst du durch Wissen oder Gedanken. Man nennt es auch innere Erkenntnisse oder Inspirationen.

Du kannst ganz einfach herausfinden, welche Art der Wahrnehmung dir besonders liegt. Stell dir dein Wohnzimmer vor. Achte darauf, was dabei dein erster Eindruck ist. War es ein Bild, ein Gefühl oder ein Gedanke? Die Ebene, die du dabei benutzt hast, entspricht deiner hauptsächlich verwendeten Art der Wahrnehmung. Du kannst dir auch vorstellen, du seiest auf einer tropischen Insel, auf der alle deine Wünsche erfüllt werden. Achte wiederum darauf, was du als Erstes bemerkst: das blaue Wasser und den weißen Sand oder das sanfte Rauschen der Brandung, das Gefühl der Sonne auf der Haut und die Entspannung im Körper oder vielleicht einen Gedanken wie: »Ich habe wirklich schon sehr lange keinen mehr Urlaub gemacht!« Achte darauf, welche Form der Wahrnehmung dir besonders liegt.
Wenn du Kontakt mit deinem Krafttier aufnimmst und eine Beziehung zu ihm entwickelst, bemühe dich jedoch nicht zu sehr, es auf eine bestimmte Art wahrzunehmen. Meistens wird die spirituelle Wahrnehmung durch zu viel Bemühen eher gestört. Denke daran: Du brauchst einen empfänglichen und entspannten Geist, um die Botschaften deines Krafttieres zu empfangen.

6

Krafttiere und Schamanismus

In schamanischen Kulturen hat fast jeder ein Krafttier. Der Kontakt zu Krafttieren ist damit nicht den Schamanen vorbehalten. Doch haben die Schamanen eine tiefgehende Beziehung zu einigen Krafttieren, deren Hilfe sie bei ihrer spirituellen Arbeit benötigen. Ein Schamane unterscheidet sich von anderen Menschen dadurch, dass er besonders begabt dafür ist, seine Seele oder sein Bewusstsein absichtlich in die nichtalltägliche Wirklichkeit zu schicken und von den dortigen Geistwesen Hilfe zu holen. Diesen Vorgang nennt man die schamanische Reise. Die Geisthelfer unterstützen den Schamanen darin, Einzelnen oder der Gemeinschaft wichtige Informationen zu übermitteln und sie zu heilen. Die Schamanen reisen immer mit einem oder mehreren Krafttieren und selbst wenn sie nicht reisen, haben sie auch in der gewöhnlichen Wirklichkeit eine aktive Beziehung zu ihnen. Dies schützt und stärkt sie im täglichen Leben.

Fast jeder Mensch kann lernen, bestimmte schamanische Konzepte anzuwenden und zu einem Teil seines spirituellen Weges zu machen. Die schamanische Reise und die Beziehung zum Krafttier gehören dazu. Auch wenn wir in einer modernen Gesellschaft aufgewachsen sind, können wir lernen, aus der schamanischen Reise und dem Umgang mit den Krafttieren eine wertvolle spirituelle Praxis zu entwickeln.

Die Art, die ich später zum Auffinden deines Krafttieres vorstellen werde, entspricht nicht ganz der traditionellen schamanischen Reise, sondern bindet auch Elemente einer geführten Meditation mit ein. Das macht es dir leichter, mit deinem Krafttier Verbindung aufzunehmen. Du kannst auch zu deinem Krafttier reisen, um dir Fragen beantworten zu lassen.

7

Das Reich der nichtalltäglichen Wirklichkeit

Auf jeder schamanischen Reise begibt sich deine Seele oder dein Bewusstsein in eine der drei Welten der nichtalltäglichen Wirklichkeit: die untere Welt, die mittlere Welt oder die obere Welt.

- **In der unteren Welt** findest du vorwiegend die Tiergeister. Die schamanische Vorstellung der unteren Welt unterscheidet sich erheblich von dem, was in der westlichen Zivilisation die »Unterwelt« genannt wird. Sie entspricht nicht der jüdisch-christlichen Vorstellung einer Hölle oder eines Fegefeuers der Verdammnis, in die man geworfen wird, wenn man ein schlechter Mensch war. Die untere Welt der Schamanen ist ein Ort voller Magie und Wunder, der in vielem der Natur der gewöhnlichen Welt sehr ähnlich sieht. Hier gehen wir hin, um unser Krafttier zu finden, es um Rat zu fragen oder einfach mit ihm zu spielen. Du gelangst in die untere Welt durch eine Öffnung in der Erde, zum Beispiel eine Höhle oder einen Tunnel. Im nächsten Kapitel werde ich näher darauf eingehen.

- **Die obere Welt** wird manchmal auch die himmlische Welt genannt. Sie wird vorwiegend von Geistwesen in menschlicher Gestalt belebt. Dazu gehören die Erzengel, die aufgestiegenen Meister, die Ahnen und alle anderen menschenähnlichen Geistwesen. Um in die obere Welt zu gelangen, brauchst du etwas, was nach oben führt, zum Beispiel einen Regenbogen, einen Baum oder einen Wirbelwind.

- **Die mittlere Welt** ist die, mit der wir vertraut sind. In der schamanischen Arbeit kannst du deine Seele oder dein Bewusstsein durch Zeit und Raum an einen anderen Ort auf dieser Erde schicken. Vielleicht brauchst du von dort bestimmte Informationen, vielleicht möchtest du dort jemandem helfen der leidet oder du möchtest einfach andere Gegenden der mittleren Welt erkunden.
In diesem Buch befassen wir uns nicht mit der oberen oder der mittleren Welt, sondern konzentrieren uns auf die untere Welt, in der die Krafttiere leben. Wenn du dich weiter in die schamanische Arbeit vertiefen möchtest, kannst du auch Erfahrungen in der oberen und mittleren Welt machen.

8

Das Finden und Zurückholen deines Krafttieres

Um dein Krafttier zu finden, kannst du eine schamanische Reise machen. Dabei folgst du einer bestimmten Abfolge von inneren Vorstellungen, die dich in die nichtalltägliche Wirklichkeit der unteren Welt führen, wo du dein Krafttier finden und es dann mit dir zurückbringen kannst. Den meisten Menschen gelingt dies beim ersten Versuch, doch wenn es nicht gleich klappt, lass dich nicht entmutigen. Viele hochbegabte schamanische Heiler mussten mehrere Anläufe unternehmen, bevor sie erfolgreich reisen konnten.

Es ist sehr hilfreich, dich in deiner Trance von einem monotonen Geräusch unterstützen zu lassen. Traditionellerweise ist dies ein eintöniger, rascher Trommel- oder Rasselschlag, in manchen Kulturen werden Instrumente wie das Didgeridoo eingesetzt oder auch Gesang. Vielleicht möchtest du selbst trommeln oder rasseln, vielleicht besorgst du dir eine entsprechende CD. Am einfachsten ist es mit der von mir produzierten CD, die sowohl eine gesprochene Anleitung für diese Reise als auch reine Trommel-, Rassel- und Didgeridoo-Titel enthält (siehe Anhang).

Du beginnst deine Reise, indem du dir eine Öffnung in der Erde vorstellst, die nach unten führt. Dies wird dein Eingang in die untere Welt. Vielleicht ist es ein dir bekannter Ort, vielleicht stellst du ihn dir auch einfach vor. Es kann sich um ein Loch im Wurzelwerk eines Baumes handeln, um ein Kaninchenloch, eine Höhle oder eine Öffnung am Grunde eines Sees oder etwas anderes, das dich nach unten führt.

Wenn du dir über diesen Ausgangspunkt deiner Reise klargeworden bist, leg dich entspannt hin. Bedecke deine Augen mit einem weichen dunklen Tuch, damit kein Licht durchdringt. So kannst du in der nichtalltäglichen Wirklichkeit besser sehen. Um zu verhindern, dass du einschläfst, kannst du einen deiner Unterarme senkrecht nach oben richten. Sobald du einschläfst, wird dein Arm herunterfallen und dich wecken.

Sofern du bereits mit Geistführern arbeitest, kannst du sie vor Beginn der Reise um Hilfe bitten. Falls du dir eine Trancemusik ausgewählt hast, schalte sie nun ein und stelle dir vor, wie du auf deinen Eingang zugehst. Begib dich hinein. Du wirst durch eine Art Tunnel in die Erde hinabgehen, fliegen oder fallen, immer weiter, bis du anfängst, das sprichwörtliche »Licht am Ende des Tunnels« zu sehen.

Dort trittst du aus dem Tunnel heraus und in die untere Welt ein. Du befindest dich im Freien in einer Landschaft, die der natürlichen Welt sehr ähnlich sieht. Es kann ein Wald sein oder eine Küstenlandschaft, eine Wüste, Berge oder irgendetwas anderes. Geh spazieren und schau dich um. Bald wirst du bemerken, dass dir verschiedene Tiere begegnen. Achte darauf, welches Tier wiederholt auftaucht. Das Tier, welches dir *vier* Mal in unterschiedlichen Situationen erscheint, ist dein Krafttier.

Sobald es zum vierten Mal auftaucht, nimm telepathisch Kontakt mit ihm auf und frage es, ob es bereit ist, mit dir in dein Leben zurückzukehren. Es wird praktisch immer einverstanden sein. Nach seiner Einwilligung streckst du *körperlich* deine linke Hand nach ihm aus, mit der Handfläche nach oben. Dein Krafttier wird auf dich zukommen und seine ätherische Gestalt so stark verkleinern, dass es in deine Hand passt. Schließ jetzt *körperlich* deine Hand und führe sie zu deinem Herzzentrum in der Mitte deiner Brust. Leg die geöffnete Hand auf deine Brust und die andere Hand darüber. Atme drei Mal tief und langsam ein und aus und spüre, wie die Energie des Tieres dabei von deinem Herzzentrum aus in deinen ganzen Körper strömt.

Sobald dieser Prozess abgeschlossen ist, kannst du dich auf den Weg zurück zu deinem Ausgangspunkt machen oder, wenn du meine CD verwendest, noch eine Weile die untere Welt weiter erkunden, bis du das Rückholsignal hörst.

Wenn du an deinem Ausgangspunkt angelangt bist, bewege langsam deine Arme und Beine. Lass dir Zeit, um aus der Trance zu kommen, es gibt keinen Grund zur Eile. Wenn du so weit bist, öffne langsam deine Augen und schau dich um, um dich wieder in der Gegenwart zu orientieren. Wenn du aufstehen willst, tue es langsam und achte auf deine Empfindungen. Herzlichen Glückwunsch! Du hast gerade dein Krafttier wiedergewonnen.

Jetzt kannst du anfangen, eine Beziehung zu ihm zu entwickeln.

9

Das Ehren deines Krafttieres

Du hast nun verschiedene Möglichkeiten, die Verbindung zu deinem Krafttier zu stärken und eine Beziehung zu ihm zu entwickeln, dadurch bekommst du leichter Zugang zu dem Schutz und der Kraft, die es dir bietet. Es genügt nicht, das Krafttier einfach zurückzuholen – das ist ein guter Anfang, aber eben nur der Anfang. Wenn du deinem Krafttier nicht regelmäßig Aufmerksamkeit zukommen lässt, wird es sich im Laufe der Zeit von dir entfernen – so wie es in anderen Beziehungen auch ist. Hier sind also ein paar Vorschläge, um eure Beziehung zu stärken:

Weitere Reisen – Du kannst weitere Reisen zu deinem Krafttier unternehmen. Dazu reist du mit deinem Tier wieder auf dem gleichen Weg in die untere Welt. Du kannst ihm dort Fragen stellen, ihm deine Sorgen und Nöte mitteilen, mit ihm spielen oder einfach das Beisammensein genießen. Dein Krafttier wird es zu schätzen wissen, dass du dir Zeit für es nimmst, und du lernst es auf diese Weise intensiver kennen.

Tanze dein Krafttier – Lege Musik oder Trommelklänge auf und stell dich mit geschlossenen Augen hin. Rufe dein Krafttier. Wenn du es bei dir spürst, bitte es, in deinen Körper zu kommen. Und dann tanze einfach! So gibst du dem Tiergeist die Möglichkeit, sich in deinem physischen Körper zum Ausdruck zu bringen. Vielleicht tanzt du schnell, vielleicht bewegst du dich nur ganz langsam – je nach dem Rhythmus deines Tieres. Vielleicht kommen nach einer Weile sogar die Laute dieses Tieres aus deinem Mund. Dein Krafttier liebt es, mit dir zu tanzen!

Singe das Lied deines Krafttieres – Am besten gehst du für diese Übung ins Freie an einen möglichst einsamen Ort. Nimm dein Tagebuch oder ein Blatt Papier und einen Stift mit. Bitte dein Krafttier, zu dir zu kommen und dir ein Lied beizubringen, mit dem du es ehren kannst. Warte einfach und lausche darauf, was dir in den Sinn kommt. Vielleicht entsteht zuerst eine Melodie, die du summen oder pfeifen kannst. Möglicherweise entstehen dann Worte zu dieser Melodie. Meistens ist es eine ganz einfache Melodie mit einfachen Worten. Manchmal tauchen auch Worte in einer dir unbekannten Sprache auf, die dir wie Unsinn erscheinen. Schreib auf, was dir in den Sinn kommt. Singe das Lied im Laufe dieses Tages immer wieder, bis es dir vertraut ist. Mit diesem Lied kannst du von nun an dein Krafttier zu dir rufen.

Meditiere über dein Krafttier – Begib dich an einen ruhigen Ort, drinnen oder draußen. Schließ deine Augen und rufe dein Krafttier. Diesmal reist du nicht zu ihm, sondern bittest es, zu dir zu kommen. Achte auf die Eigenschaften deines Krafttieres, sein Aussehen, sein Temperament, seine Persönlichkeit und dergleichen. Frage dein Krafttier, ob du etwas für es tun kannst.

Stelle Nachforschungen an – Finde so viel wie möglich über die Tierart deines Krafttieres heraus. Vielleicht ist es im zweiten Teil dieses Buches aufgeführt, vielleicht findest du es in einem der Bücher aus den Literaturempfehlungen oder du informierst dich durchs Internet, durchs Fernsehen oder in Bibliotheken.

Werde aktiv – Widme einen Teil deiner Zeit, Energie oder deines Geldes einer Organisation, die sich um den Schutz wilder Tiere, vielleicht besonders der Art deines Krafttieres bemüht. Das stärkt nicht nur deine Beziehung zu diesem Tier, sondern zu allen Tieren. Alle Tierwesen werden dir für deinen Einsatz dankbar sein.

10

Weissagung und Zeichen von den Geistführern aus der Tierwelt

Dein Krafttier kann auf vielfältige Weise als Orakel dienen. Wie bereits gesagt, kannst du zu deinem Krafttier reisen und es in allen wichtigen Lebensfragen um Rat bitten.

Die Geistführer aus dem Tierreich lehren dich auch, indem sie in deinen Träumen, in Meditationen oder in deinem gewöhnlichen Leben auftauchen. Egal ob es sich dabei um dein Krafttier handelt oder nicht: Wenn ein Tier auf diese Weise in deine Wahrnehmung tritt, will es dir eine Botschaft vermitteln. Bei Tieren in der gewöhnlichen Welt gilt dies vor allem, wenn sie auf ungewöhnliche Weise auftauchen, zum Beispiel eine Eule, die mitten am Tag über deinen Weg flattert, ein Reh an deinem Gartenzaun oder dergleichen. Wenn dies geschieht, nimm genau wahr, was in diesem Augenblick vor sich geht und ob die Botschaft sich dir erschließt. Vielleicht musst du erst über die Begegnung meditieren oder dich über das Tier informieren, bevor du seine Bedeutung für dich erkennst.

Ein weiteres wichtiges Zeichen ist, wenn ein Tier innerhalb kurzer Zeit mehrfach auftaucht (mindestens drei Mal). Dabei kann es sich um das Tier selbst, ein Bild oder eine Figur dieses Tieres oder den gedruckten Namen handeln. Achte auch hier wieder genau darauf, was die Botschaft sein könnte. Wenn ein Reh mehrfach auftaucht, könnte dies ein Hinweis sein, mit dir selbst oder anderen sanfter umzugehen. Wenn es ein Kolibri ist, hast du vielleicht dein Blickfeld so stark eingeengt, dass dir die Lebensfreude abhanden kam. In den Zeichen liegt meistens nicht die direkte Bedeutung, sondern sie sind als Hinweise zu verstehen. Die Botschaft musst du selbst erkennen.

11

Erläuterung zum zweiten Teil

Im zweiten Teil dieses Buches findest du Informationen über 36 verschiedene Krafttiere. Sie bieten einen Überblick über Vertreter der Säugetiere, der Vögel und der Reptilien, sogar ein paar Insekten sind dabei. Natürlich ist diese Liste nicht umfassend. Unabhängig davon, ob dein Krafttier in dieser Zusammenstellung enthalten ist oder nicht: Die beste Art, dein Krafttier mit seinen Eigenschaften und seiner Bedeutung für dein Leben kennen zu lernen, ist, zu dem Krafttier zu reisen und dich von ihm belehren zu lassen! Je mehr du mit ihm den Kontakt pflegst, desto mehr wird es dir über sich erzählen.

Bei jedem der Tiere gibt es ein oder zwei Schlüsselbegriffe, in denen die spirituellen Eigenschaften oder die Essenz dieses Tieres zusammengefasst werden. Der Wolf, der dieses Buch ziert, vermittelt zum Beispiel die Qualität des Hüters. Er verfügt natürlich auch über andere Eigenschaften, aber die Qualität des Hüters trifft seine Essenz am Besten.

Die Informationen zu jedem Tier gliedern sich in vier Abschnitte:

Die Botschaft – Dies sind Botschaften, die ich von jedem der Tiere empfing, als ich sie gefragt habe, was sie den Lesern dieses Buches vermitteln wollen. Du wirst bemerken, dass jedes Tier seinen eigenen Stil und seine eigene Stimme hat. Im Laufe der Zeit wird dir dein Krafttier weitere Informationen zukommen lassen. Bei den anderen Tieren kannst du dich einfach von den Botschaften inspirieren lassen. Im nächsten Kapitel mache ich ein paar Vorschläge dazu, wie du feststellen kannst, welche Botschaften für dich von besonderer Bedeutung sind.

Die Eigenschaften – Du wirst feststellen, dass dein Krafttier und du ähnliche Eigenschaften aufweisen oder es wird bestimmte Eigenschaften in dir wecken, die du bislang vielleicht eher unterdrückt hast. Ein Krafttier kann zu einem Zeitpunkt deines Lebens zu dir kommen, zu dem du eine bestimmte Eigenschaft ganz besonders brauchst. Manche dieser Eigenschaften sind bei dem jeweiligen Tier aufgelistet, aber natürlich kann es auch noch weitere geben. Die Beschäftigung damit kann dir sowohl etwas über das Tier als auch über dich selbst vermitteln und im Laufe deiner Beziehung zu deinem Krafttier wirst du wahrscheinlich weitere Ähnlichkeiten entdecken.

Die Hilfe – In diesem Abschnitt erfährst du, in welchen schwierigen Situationen dir dieses Tier helfen kann. Wenn du es brauchst, kannst du das Tier einfach rufen und so seine Energie in die Situation einfließen lassen, in der du steckst. Du kannst das Tier auch um Hilfe bitten, wenn es nicht dein Krafttier ist, aber du in einer Schwierigkeit steckst, in der dieses Tier mit seinen Fähigkeiten helfen kann.

Der Zugang zur Kraft – Im letzten Abschnitt findest du jeweils bestimmte Schritte, die du gehen kannst, um dieses Tier um Hilfe zu bitten, unabhängig davon, ob es sich dabei um dein Krafttier handelt oder nicht. Vielleicht sind dir manche dieser Übungen am Anfang ein bisschen unangenehm, aber lass dich davon nicht abschrecken. Probiere verschiedene Ansätze aus. Sobald du mit dem Tier eine tiefere Beziehung eingegangen bist, kannst du es einfach rufen und es wird da sein.

12

Weitere Anregungen

Wenn du dein Krafttier gefunden hast, unternimm weitere Reisen zu ihm, um es besser kennenzulernen. Du kannst dich auch an die anderen Vorschläge aus dem neunten Kapitel halten, um eure Beziehung zu vertiefen. Die Informationen in den Texten über die Krafttiere können eine Grundlage für den Anfang deiner Beziehung zu deinem Krafttier sein, aber es ist unbedingt notwendig, dass du Zeit mit ihm verbringst und weitere Reisen zu ihm unternimmst.

Neben den Texten über dein Krafttier kannst du dir natürlich auch die Texte zu den anderen Tieren durchlesen, zum Beispiel über Tiere, mit denen du in der Vergangenheit eine besondere Beziehung hattest oder denen du dich einfach besonders nahe fühlst. Hast du den Impuls, etwas über ein bestimmtes Tier nachzulesen, so gibt es dort wahrscheinlich eine Botschaft für dich.

Du kannst dieses Buch jedoch auch als Orakel benutzen. Konzentriere dich auf eine bestimmte Frage und öffne das Buch in dem Teil über die einzelnen Krafttiere. Lies dir besonders die Botschaft des jeweiligen Tieres durch, das du zufällig aufgeschlagen hast und achte darauf, welche Resonanz sie in dir erzeugt. Vielleicht enthält sie eine direkte Antwort auf deine Frage, vielleicht musst du aber auch erst einmal darüber meditieren, um herauszufinden, wie du diese Botschaft auf dein Thema anwenden kannst. Natürlich können dir diese Texte auch weiterhelfen, wenn ein Tier auf ungewöhnliche Weise oder mehrfach in deinem Leben aufgetaucht ist und du wissen möchtest, welche Botschaft es dir übermitteln will.

TEIL II

Die Krafttiere

Adler

Qualität: Der große Geist

Die Botschaft des Adlers

»Ob du dir dessen bewusst bist oder nicht: Dir steht eine ehrfurchtgebietende spirituelle Kraft zur Verfügung! Sollte deine Perspektive zu eng oder zu eingeschränkt geworden sein und solltest du für deine Probleme keine Lösungen mehr finden, so betrachte sie aus meiner Sicht. Komm mit mir und ich bringe dich zur Sonne und zu den Sternen. Lass überholte Gewohnheiten und unnütz gewordene Überzeugungen mutig hinter dir und schwinge dich in unbekannte Höhen auf, in denen sich dein Blick stetig erweitert. Es ist Zeit, ganz die Verantwortung für dein Leben zu übernehmen und für sofortiges Karma bereit zu sein. So wie sich dein spirituelles Bewusstsein erweitert, werden die positiven und negativen Rückwirkungen schneller und intensiver erfolgen.

Bei großen oder kleinen Entscheidungen empfehle ich dir, zuerst eine Weile über den vor dir ausgebreiteten Möglichkeiten zu schweben. Hast du dich für eine entschieden, so lass dich von ganzem Herzen darauf ein. Lass dich durch materielle Bedenken nicht davon abhalten, dich emporzuschwingen.«

Wenn der Adler dein Krafttier ist, so heißt das:

- Dich faszinieren erweiterte Bewusstseinszustände und du fühlst dich zu schamanischen Wirklichkeiten hingezogen. Du bist in deiner spirituellen Praxis und Disziplin sehr freigeistig – übermäßig strukturierte oder dogmatische Religionen passen nicht zu dir.

- Aufgrund deiner vergangenen Leben hast du in diesem Leben ein recht hoch entwickeltes spirituelles Bewusstsein. Du willst diesmal das Ziel deiner Seele verwirklichen, ohne Unterbrechungen oder Ablenkungen.

- Obwohl du eine alte Seele bist, musst du doch noch eine Reihe von Einweihungen durchlaufen, bevor du ein wirklich spirituell bestimmtes Leben lebst. Wenn du noch relativ jung bist, hast du dafür noch viel Zeit. Du solltest jedoch mit spirituellen Prüfungen rechnen.

- Du solltest auch mit mindestens einem Vierbeiner als geistigem Begleiter arbeiten, um trotz deiner luftigen Perspektive geerdet zu bleiben. Wenn du zu emotionaler Distanziertheit neigst, arbeite auch mit einem Wasserwesen.

Erbitte die Hilfe des Adlers, wenn ...

- du dich so in den Details des täglichen Lebens verfangen hast, dass du dich ganz niedergedrückt fühlst und den größeren Zusammenhang nicht mehr erkennen kannst.

- du vor einer Reihe schwieriger Entscheidungen stehst, vielleicht in Bezug auf deine Arbeit oder deine Beziehungen. Vielleicht fragst du dich auch, welche Richtung du deinem Leben geben willst.

- du vor kurzem eine spirituelle Erkenntnis oder gar ein spirituelles Erwachen erlebt hast und nicht weißt, wie du diese Offenbarungen in dein tägliches Leben integrieren kannst.

- du zu viel Energie aufwendest, um deinen Lebensunterhalt zu verdienen, und lernen willst, das Gleiche mit weniger Energieaufwand zu erledigen.

Zugang zur Kraft des Adlers

- Sei geduldig. Meditiere, begib dich auf innere Reisen, singe oder tanze, um den Adler zu rufen. Wisse jedoch, dass dieser Tiergeist nicht leicht oder sofort kommt.
- Achte darauf, wie du andere verurteilst. Sei ganz ehrlich. Schreibe es auf und bemerke, inwiefern es sich dabei um Projektionen deiner eigenen Charakterzüge handelt. Oft sind es Charakterzüge, von denen du behauptest, du hättest sie gewiss nicht.
- Schreibe jeden Abend vor dem Schlafengehen zehn Dinge auf, die an diesem Tag geschehen sind und für die du dankbar bist. Mach dies 21 Tage lang jeden Abend und beobachte, was passiert.
- Begib dich irgendwohin, wo du aus sicherer Position nach unten schauen kannst. Vielleicht gibt es in deiner Nähe eine Klippe, vielleicht einen Berggipfel, vielleicht ein Hochhaus. Während du beobachtest, was sich da unten abspielt, atme mehrmals langsam und tief durch.

Bär

Qualität: Innenschau

Die Botschaft des Bären

»Sei stark! Wisse um deine Grenzen! Du kannst andere lieben und trotzdem anderer Meinung sein und ihre Forderungen an dich ablehnen. Du brauchst deine Ablehnung nicht zu rechtfertigen. Meine Kraft, meinen Standpunkt zu behaupten, ist ohnegleichen und du musst lernen, für deine Überzeugungen und dafür, wer du bist, einzustehen. Du brauchst dich nicht vor Kritik zu fürchten oder dich gegen sie zu verteidigen. Behandle andere mit Respekt und verlange das Gleiche von ihnen. Traue deinen kreativen Impulsen – z. B. dem Drang zu musizieren, zu dichten, zu bildhauern oder andere Formen des kreativen Ausdrucks zu wählen. Handle und lass dem, was du erschaffst und ausdrückst, Sorgfalt und Liebe angedeihen. Wende dich nach innen, begib dich in die liebevolle Dunkelheit deiner Seele, um die Inspiration zu finden, solche Projekte zu gebären. Lass sie in der Höhle deiner kreativen Vorstellungskraft keimen und sich in der Sehnsucht deines Herzens offenbaren.«

Wenn der Bär dein Krafttier ist, so heißt das:

- Du neigst dazu, zielstrebig und selbstbewusst zu sein. Du hast eine starke Präsenz – wenn du einen Raum voller Menschen betrittst, merkt es jeder!
- Dein Körper hat etwas Bärenhaftes und wenn du erregt bist, klingst du sogar so, als würdest du brummen.

- Deine kreativste Zeit ist entweder während der Wintermonate oder in Zeiten starker Zurückgezogenheit. Würdige diese Zyklen, statt gegen sie anzukämpfen, dann bist du am kreativsten.
- Du hast den starken Impuls, deine Familie und deine Freunde zu schützen und stehst oft wild entschlossen für sie ein.

Bitte um die Hilfe des Bären, wenn ...

- du mehr Kraft brauchst, um für dich selbst einzustehen, z.B. in einer schwierigen Beziehung oder wenn du emotional, körperlich oder energetisch Grenzen setzen musst.
- du mehr Schutz vor unerwünschter Kritik oder psychischen Angriffen brauchst.
- du bei einem kreativen Projekt Schwierigkeiten hast, sei es in der Anlaufphase oder während seines Verlaufs.
- du Ruhe brauchst, um zu meditieren oder »Winterschlaf« zu halten, aber wegen äußerer Anforderungen nicht dazu kommst.

Zugang zur Kraft des Bären

- Stell dich aufrecht hin! Strecke dabei deine Wirbelsäule, indem du gleichzeitig den Kopf hoch hältst, als würde er nach oben gezogen und den unteren Teil deines Beckens etwas nach vorne kippst, so wie der Bär es tut, wenn er auf den Hinterbeinen steht, um seine Umgebung zu betrachten. Wechsle im Laufe des Tages immer mal wieder in diese Position und beachte, wie viel stärker du dich dabei fühlst.

- Übe das Neinsagen, während du alleine bist. Sage es laut, fest und mit Überzeugung aus dem Bauch heraus. Beachte, wie das dein Gefühl von Kraft verstärkt.
- Setze eines der kreativen Projekte um, die du schon immer einmal machen wolltest, sei es Musizieren, Malen, Nähen oder Schreiben. Nähre es sorgfältig und liebevoll bis zur Vollendung, ohne auf das Ergebnis zu schauen.
- Verbringe einen Tag in der »Höhle« deines Heims. Widme einen Teil dieser Zeit der Stille – ohne Telefon, Musik oder Reden. Vielleicht setzt du dich einfach hin und denkst eine Weile nach. Führe während dieser Zeit ein Tagebuch und notiere deine Erkenntnisse, Inspirationen und Ideen.

Biber

Qualität: Produktivität

Die Botschaft des Bibers

»Ja, es stimmt, was die Leute sagen: ›Geschäftig wie ein Biber.‹ Aber ich tue es nicht, um beschäftigt auszusehen. Jede meiner Bewegungen hat Sinn. Mit jeder Bewegung erschaffe ich etwas. Deine Bewegungen sollten genauso sinnvoll sein. Halte dich nicht beschäftigt, weil du ängstlich bist, dich davor fürchtest, langsamer zu werden oder weil du Freunde beeindrucken willst. Gelegentlich brauchst du eine Ruhepause, eine Zeit der Entspannung, Zeit mit Freunden und Familie. Das ist wichtig. Aber wenn du ein Projekt vorhast, sei es groß oder klein, dann pack es an. Und verschwende nicht mehr Energie darauf als nötig. Habe immer einen Ersatzplan parat, falls deine ersten Bemühungen nicht fruchten. Es ist gut zu wissen, dass es immer eine andere Möglichkeit gibt, etwas zu tun, selbst wenn es momentan nicht so aussieht.«

Wenn der Biber dein Krafttier ist, so heißt das:

- Du liebst die Arbeit. Egal ob es physische oder mentale Arbeit ist, du bist ein richtiges Arbeitstier. Du tust, was zu tun ist, ohne zu zögern oder zu klagen.
- Du arbeitest gut mit anderen zusammen. Du weißt, dass alle harmonisch zusammenwirken müssen, um ein Projekt zu vollenden.
- Die Art von Arbeit, zu der du dich berufen fühlst, dient

meistens der größeren Gemeinschaft, deiner Nation oder der Welt, doch du bleibst dabei bescheiden.

- Du bist bei deinen kreativen Projekten sehr erfinderisch. Trotz aller Hindernisse gilt für dich der Spruch: Wo ein Wille ist, ist auch ein Weg.
- Du bist Freunden gegenüber höchst loyal und neigst zu lebenslangen Freundschaften.

Bitte um die Hilfe des Bibers, wenn …

- du dich in der Falle fühlst, sei es beruflich oder in einer Beziehung, und keinen Ausweg mehr weißt.
- es etwas gibt, von dem du träumst, aber nicht weißt, wie du es aufbauen und manifestieren sollst.
- du mit deinem Partner, deinen Freunden oder Kollegen Probleme hast und sie auf freundliche und friedvolle Weise lösen willst.
- du dein Zuhause entrümpeln willst, um dir die harmonische und friedvolle Umgebung zu erschaffen, die du brauchst.

Zugang zur Kraft des Bibers

- Hast du ein Projekt, das du schon länger vor dir herschiebst, so bring dich dazu, es einfach zu tun, indem du alle Hindernisse beseitigst, alle Ablenkungen ausschaltest und dich zwingst, dich mit dem Projekt auseinanderzusetzen.
- Geh in den Wald oder in einen Park, wo es fließendes Wasser gibt. Halte einen Fuß in oder an das Wasser und den anderen stell auf den Erdboden. Dann rufe die Kraft des Bibers.

- Schreibe drei für dich bedeutende Ziele für das kommende Jahr auf. Erstelle einen Plan, was du tun willst, um diese Ziele zu erreichen, und wann du es tun willst.
- Widme dich jeder deiner Tätigkeiten, vom Abwaschen bis hin zu anspruchsvollen Beschäftigungen, mit Begeisterung und Elan.

Büffel

Qualität: Versorgung

Die Botschaft des Büffels

»Viele Jahre lang war ich es, der den Menschen Wärme und Lebenserhalt schenkte, indem ich meinen Körper und meinen Atem hingab. Wurde ich durch starke Gebete und rechtes Handeln gerufen, kam ich willig herbei, um meine Aufgabe zu erfüllen. Zum Ausgleich ehrten die Menschen die spirituellen Gesetze und führten die Zeremonien durch, welche die Weiße Büffelfrau einst ihre Ahnen gelehrt hatte. Diese Zeremonien dienten meistens dazu, für die Großzügigkeit der Natur Wertschätzung und Dank zu zeigen. Durch deine eigenen ehrlichen Gebete und rechtes Handeln wird das Leben dich immer mit allem versorgen, was du brauchst. Um in diesem natürlichen Zustand der Fülle zu leben, braucht man nur Vertrauen, sinnvolles Handeln und Dankbarkeit.

Da du oft mehr hast, als du brauchst, sei bereit deinen Überfluss mit den anderen deiner Gemeinschaft zu teilen. Bring so viel wie möglich in den Kreislauf der Wiederverwertung ein und gib großzügig von deiner Zeit und deinem Geld. Verschenke, was du nicht mehr brauchst, statt es zu verkaufen. Beweise dein Vertrauen in die Fülle des Lebens durch deine Bereitschaft, einige deiner wertvolleren Besitztümer wegzugeben. Zeige deine Dankbarkeit für unser aller Mutter und Vater auf alle erdenklichen Weisen. Wisse vor allem, dass du jetzt und immer aufs Beste versorgt wirst.«

Wenn der Büffel dein Krafttier ist, so heißt das:

- Du machst dir nie Sorgen, ob du alles Nötige bekommst, denn du weißt tief in deinem Herzen, dass immer für dich gesorgt ist.
- Du bist anderen gegenüber sehr großzügig. Du zeigst es, indem du aus dir selbst heraus gibst.
- Du erreichst deine Ziele auf sehr entspannte und selbstbewusste Weise, vor allem wenn du klar weißt, was du willst.
- Du versuchst nach Kräften, jeden zu akzeptieren, mit dem du in Kontakt kommst, das Gute in den anderen zu sehen und sie nicht zu verurteilen.

Bitte um die Hilfe des Büffels, wenn …

- du ein Projekt beginnen willst, aber nicht genug Selbstvertrauen dazu hast.
- dir das Vertrauen in die natürliche Fülle des Lebens fehlt, du dich bedürftig fühlst oder dich immer um deine Finanzen sorgst.
- du so mit dem Kampf beschäftigt bist, deine grundlegenden Bedürfnisse nach Nahrung und Schutz zu erfüllen, dass du vergessen hast, dankbar zu sein für das, was du hast.
- du dich selbst bemitleidest und dich ständig laut oder leise darüber beklagst, dass du alles Mögliche im Leben nicht hast.

Zugang zur Kraft des Büffels

- Veranstalte einen Schenkkreis. Dazu versammelst du dich mit einigen Freunden. Jeder bringt etwas Persönliches, Kostbares mit und gibt es in den Kreis, sodass ein anderer aus dem Kreis es empfangen kann.
- Verwandle im Laufe der nächsten sieben Tage deine täglichen Gebete in Affirmationen, in denen du dem Schöpfer (oder wem immer) dankst, anstatt um etwas zu bitten.
- Befasse dich mit der Lakotageschichte der Weißen Büffelfrau, wie sie von den Oglala Sioux erzählt wird.
- Stell dich aufrecht hin und halte deine Hände mit den Handflächen nach oben, mit geschlossenen Fäusten. Nach etwa einer Minute öffne beim Einatmen langsam deine Hände. Achte darauf, wie die Lebenskraft durch deine Hände fließt und wie es sich anfühlt, in einer Haltung der Hingabe und des Annehmens zu sein.

Delfin

Qualität: Kommunikation

Die Botschaft des Delfins

»In deinem Atem findest du die Antworten auf alle Geheimnisse des Lebens. Sie zeigen sich dir eher als Gefühle und Empfindungen denn als intellektuelle Konzepte. Wisse, dass du mit meiner Hilfe sicher und bequem sowohl in der Welt der unsichtbaren Wirklichkeiten als auch in der materiellen Welt spielen kannst, in der sich diese unsichtbaren Wirklichkeiten manifestieren. Bewusstes Atmen ist eine Brücke zwischen diesen Welten.

Mach aus dem Spiel keine Arbeit, spiele einfach und natürlich in beiden Welten und dazwischen. Eigentlich sind es ohnehin untrennbar vereinte Wirklichkeiten und sobald du das verstanden hast, kannst du mit Leichtigkeit zwischen ihnen hin und her wechseln und kommunizieren. Du weißt auch, dass Kommunikation aus vielen Ebenen und Stoffen besteht. Menschliche Worte sind nur ein kleiner Ausschnitt dessen. Tatsächlich ist es unmöglich für dich, nicht zu kommunizieren. Ich möchte dich auch ermutigen, neue Wasserwege auszuprobieren, dich ins offene Meer hinauszuwagen, wenn du bislang immer nahe an der Küste geblieben bist oder tief einzuatmen und in neue Abenteuer einzutauchen. Und denke daran, zu atmen!«

Wenn der Delfin dein Krafttier ist, so heißt das:

- Du spielst im Leben und mit dem Leben, doch wenn etwas deiner Aufmerksamkeit bedarf, kannst du schnell und effizient deine ganze Wahrnehmung darauf lenken. Du lebst sehr im Hier und Jetzt.
- Du hast eine besondere Gabe, leicht in andere Bewusstseinszustände hinüber zu wechseln (wie z. B. in Meditation oder auf schamanischen Reisen). Meistens benutzt du dazu tiefe, bewusste Atemzüge. Und selbst wenn du zwischen den Welten dahingleitest, bist du immer noch wachsam und präsent.
- Du hast instinktive und inspirierende Führungsqualitäten. Du weißt, wie man stark und weise führt, weil du weißt, dass die besten Führer gut folgen können, indem sie sich intuitiv auf den Willen und die Weisheit des Gemeinschaftsbewusstseins einschwingen.
- Wenn du glücklich bist, sind auch alle um dich herum glücklich, unabhängig davon, wie sie sich vorher gefühlt haben. Du beeinflusst andere Menschen mehr, als du meinst!
- Du bist äußerst intuitiv und mit dir nahestehenden Personen auch telepathisch verbunden. Du erlebst oft, dass du das Gleiche denkst wie deine Lieben.

Bitte um die Hilfe des Delfins, wenn …

- dein Leben zu monoton und vorhersehbar wurde und du deiner Umgebung neues Leben einhauchen möchtest.
- du dich von deinen Gefühlen überwältigt und von deinen Lebensumständen überfordert fühlst. Vielleicht nimmst du es alles zu ernst. Atme mehr, nimm es leichter und geh spielerischer damit um.

- du aufhören willst, deinen Atem einzuschränken und damit deine Lebenskraft zu begrenzen. Mit dem unten beschriebenen *Delfin-Atem* kannst du aufgestaute Emotionen schnell und sanft auflösen und den Weg in ruhigere Gewässer finden.
- du dich in einer Beziehung festgefahren fühlst. Der Delfin hilft dir, deine Fühler auszustrecken, selbst auf die Gefahr der Zurückweisung hin und nur positive Gedanken und Gefühle, wie Bewunderung und Respekt zu kommunizieren.

Zugang zur Kraft des Delfins

- *Delfin-Atmung:* Schließe die Augen, setze oder stelle dich bequem hin und atme wie folgt: Atme zuerst vollständig aus, dann atme ein, indem du zuerst deinen Bauch füllst und dann deine Brust. Halte den Atem so lange an, wie du es ohne Anspannung kannst. Lass den Atem mit einem »Puhhhhh!« los und erlaube deinem Körper dabei, sich zu entspannen. Wiederhole dies zwei bis vier Mal. Lass beim Ausatmen alle störenden Gefühle, Sorgen oder Ängste los.
- Das natürliche Lächeln der Delfine ist ein gutes Vorbild, um deine düstere Stimmung in Leichtigkeit und Spielfreude zu verwandeln. Ziehe jeden Tag ein paar Mal deine Mundwinkel nach oben, als hättest du ein kleines, glückliches Geheimnis. Beobachte, wie du dich dabei fühlst und wie andere darauf reagieren.
- Achte heute darauf, allen Menschen – von der Verkäuferin im Supermarkt bis zu deinen engsten Freunden – etwas zu sagen, was du an ihnen schätzt oder ihnen einfach zu danken, wenn sie etwas für dich tun. Bring deine Liebe durch dein Handeln zum Ausdruck, zum Beispiel indem du ihnen einen kleinen Gefallen erweist.

Eichhörnchen

Qualität: Vorbereitung

Die Botschaft des Eichhörnchens

»Ich mache mir nie Sorgen, niemals. Ich bin auf alle Eventualitäten vorbereitet, und das bezieht sich nicht nur auf die Nüsse, die ich für den Winter gesammelt habe. Ich bin von dem tiefen Vertrauen durchdrungen, dass, solange ich tue, was ich zu tun habe, alles gut gehen wird. Kannst du das auch sagen? Du siehst mich vielleicht umherflitzen, aber ich mache keine unnötigen Bewegungen und verschwende keine Energie. Du solltest das auch nicht tun. All diese Geschäftigkeit, nur um den Eindruck zu erwecken, dass dein Tun ach so wichtig ist! Sammle, wenn es Zeit zum Sammeln ist, spiele, wenn es Zeit zum Spielen ist und erhole dich, wenn es Zeit zum Erholen ist. Du wirst staunen, wie viel mehr du schaffen kannst, wenn deine Bewegungen von einer klaren Absicht geleitet werden. Handeln ist wichtig, aber dein Handeln sollte klar und sinnvoll sein, nicht zufällig und chaotisch.

Nimm den Weg durch den Wald und lass dir von deinem inneren Wissen die Richtung zeigen. Halte dich an deine Instinkte. So kannst du erkennen, was zu tun oder zu lassen ist. Die sich ständig verändernden Empfindungen in deinem Bauch zeigen dir, wann es etwas zu sammeln gilt und wann es etwas loszulassen gilt. Hier geht es nicht nur um Materielles, sondern auch um Urteile, Ängste, Zweifel und Befürchtungen. Solange du gut auf deinen Körper hörst und deinen Empfindungen mehr Bedeutung beimisst als deinem egozentrischen Verstand, wird dir nichts geschehen. Nimm also, was du brauchst, nicht mehr und nicht weniger, und gib zurück, was du möchtest, in Dankbarkeit. Vertraue auf die Fülle des Lebens, doch wiederhole nicht einfach irgendwelche Mantren und Affirmationen, sondern sei bereit zu handeln, wenn es notwendig ist. Bereite dich darauf vor, indem du sparst, was du brauchst, um deinen Körper zu nähren und dein Herz und deine Seele zu erfüllen.«

Wenn das Eichhörnchen dein Krafttier ist, so heißt das:

- Du bist sehr gut darin, zu organisieren, Strategien zu entwickeln und Pläne umzusetzen. Es zieht dich zu Arbeiten, bei denen diese Fähigkeiten gebraucht werden.
- Du lernst viel besser durch Tun als durch Beobachten, Lernen oder Lesen.
- Du kannst sehr gesellig sein, spielst gerne und genießt es, mit der Familie oder mit Freunden körperlich aktiv zu sein. Mit Fremden bist du jedoch vorsichtig.
- Du bist ein guter Pfadfinder. Du bist findig und auf alles vorbereitet. Meistens hast du das, was du brauchst, bereits parat.

Bitte um die Hilfe des Eichhörnchens, wenn ...

- dein Leben sehr geschäftig ist, du das Gefühl hast, ständig ohne richtigen Fokus umherzuflitzen und das Bedürfnis nach mehr Richtung und Sinn empfindest.
- du zu viel Kram angesammelt hast und etwas davon weggeben oder recyceln willst.
- du dir zuviel Sorgen um die Zukunft machst, so dass du handlungsunfähig wirst.
- du in deinem Leben eine Zeit durchmachst, in der du

dich unsicher fühlst und das Bedürfnis nach einem spirituellen Beschützer hast, der dich vor möglichen Gefahren oder negativen Situationen warnt, in die du hineinstolpern könntest.

Zugang zur Kraft des Eichhörnchens

- Imitiere für ein paar Minuten die kurzen, schnellen Bewegungen eines Eichhörnchens. Halte dabei deine Augen weit offen und beobachte deine Umgebung genau.
- Stell eine Liste all der Dinge zusammen, die du brauchst und im Augenblick nicht hast. Entwickle einen Plan, wie du diese Dinge bekommen wirst.
- Bevor du dir die Dinge besorgst, die du brauchst, trenne dich von den Sachen, die überflüssig geworden sind. Räume deine Schränke durch, nimm all die alten Bücher und Sachen und bringe sie auf den Flohmarkt oder zu jemandem, der sie brauchen kann.
- Achte besonders auf die Jahreszeiten und stimme deine Aktivitäten darauf ab. Sammle im Herbst, ruhe dich im Winter aus, geh im Frühling nach draußen und spiele im Sommer.

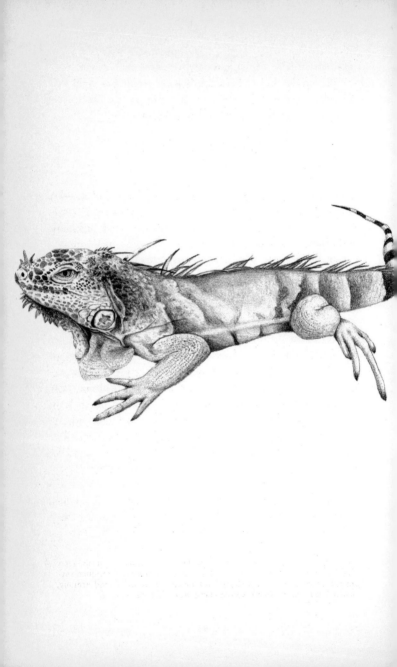

Eidechse

Qualität: Traumzeit

Die Botschaft der Eidechse

»Ich stamme aus alten Zeiten, doch sogar während du dies liest, bin ich bei dir. Ich bin ein uralter, wesentlicher Teil von dir, der knapp unterhalb deiner bewussten Wahrnehmung wirkt. Ich bin dein Reptilien-Bewusstsein*, das sich seit Äonen erhalten hat, seit die großen Dinosaurier über die Erde wandelten. Ich habe diese Zeiten vor allem auf Grund meiner außerordentlichen Wahrnehmungsfähigkeiten überstanden. Ich kann hören, was nicht gesagt wird, sehen, was niemand sieht, und die Absichten und Bewegungen der anderen spüren, bevor sie sich selbst dessen bewusst sind. Wenn jemand versucht, mich festzuhalten, verliere ich zwar vielleicht meinen Schwanz, aber ich rette mein Leben. Ich bin sicher, das ist auch dir schon mehrfach widerfahren. Das Gute ist, dass ich mir leicht einen neuen wachsen lassen kann und dann fröhlich weiterlebe. Also, selbst wenn du ›deinen Schwanz verlierst‹ oder dich sorgst, dass das geschehen könnte: Das macht alles nichts! Du lässt dir einen neuen wachsen und lebst weiter, vielleicht etwas anders, vielleicht etwas angeschlagen, aber bedeutend weiser.

Ich bin ein uraltes Wesen, die Quelle deines Instinktes. Auch wenn sich das Leben auf diesem Planeten in hunderttausend verschiedenen Formen entwickelt hat, bleiben sie

---

* Im Englischen wird der Hirnstamm, der älteste Teil unseres Gehirns, auch »reptilian brain« genannt, weil er funktionell dem Gehirn der Reptilien entspricht. Er reguliert lebenswichtige Funktionen wie Blutdruck und Atmung, Schlaf-Wachrhythmus und Nervenreflexe. Anm.d.Übers.

doch alle miteinander verwoben und voneinander abhängig. Unser Reptilienselbst ist das Bindeglied zwischen vielen von uns und wir alle sind durch unsere DNS verbunden, die die Grundlage allen beseelten Lebens ist. Du magst zwar philosophisch daran glauben, dass wir alle Eins sind, aber du *weißt* es nur durch die instinktiven reptilienhaften Empfindungen deines Körpers. Ich helfe dir, sowohl im Wachen, besonders aber im Schlaf und in deinen Träumen. Bitte mich darum und ich werde mich im Traum mit dir verbinden.«

Wenn die Eidechse dein Krafttier ist, so heißt das:

- Du befindest dich meistens in einem Zustand entspannter Aufmerksamkeit, doch du weißt sehr genau, was zu jedem Zeitpunkt um dich herum vor sich geht und nimmst selbst die feinsten Signale deiner Umgebung wahr.
- Du bist eine Träumerin und achtest sehr auf die Details und Bedeutungen deiner Träume. Oft fällst du wichtige Entscheidungen auf Grund von Botschaften, die du in deinen Träumen erhalten hast.
- Du weißt instinktiv, wann es besser ist, still zu halten oder sich zu bewegen. Wenn du dich bewegst, tust du es schnell und gezielt.
- Du bist fähig, dich von Ängsten und persönlichen Neigungen frei zu machen. Bei Entscheidungen weißt du instinktiv, was richtig ist, anstatt deine Wahl impulsiv oder emotional zu treffen.
- Du neigst zur Hellfühligkeit. Du hast starke und zutreffende Empfindungen in Bezug auf Menschen und Situationen, auch wenn du nicht weißt, woher du das weißt.

Bitte um die Hilfe der Eidechse, wenn ...

- es dir schwer fällt, dich an deine Träume zu erinnern oder ihre Botschaften zu entschlüsseln.
- du dich wie betäubt oder niedergeschlagen fühlst und deine Sinne wieder wecken und deine Lebendigkeit wieder herstellen möchtest.
- du dich übermäßig in eine Beziehung oder Situation verwickelt fühlst und etwas Abstand brauchst, um wahrzunehmen, was dir deine Instinkte sagen.
- du viele erbetene und unerbetene Ratschläge erhalten hast und jetzt deine eigene instinktive Stimme nicht mehr hören kannst.

Zugang zur Kraft der Eidechse

- Führe ein Traumtagebuch. Schreibe deine Träume nach dem Aufwachen so schnell wie möglich auf und auch, welche Bedeutung dir dazu einfällt. Achte besonders auf sich wiederholende Themen.
- *Eidechsen-Meditation*: Begib dich an einen Platz in der Natur, der warm, sonnig und möglichst still ist. Lege dich wenn möglich auf einen Felsen. Atme langsam und tief und richte deine Aufmerksamkeit auf deine Sinne. Lausche auf die Geräusche um dich herum, schau dich um, nimm die Düfte wahr und spüre deinen Körper.
- Schreibe deine zukünftigen Ziele und Wünsche auf. Sei so konkret wie möglich. Lege diese Liste mehrere Nächte lang unter dein Kopfkissen und bitte die Eidechse, dir zu helfen, diese Zukunft in die Manifestation zu träumen.
- Schreibe auf, welche Ängste für dich mit der Manifestation deiner Träume verbunden sind. Verbrenne dieses Papier auf rituelle Weise und lass dabei diese Ängste los. Schau zu, wie sie sich in Rauch auflösen.

Elefant

Qualität: Entschlossenheit

Die Botschaft des Elefanten

»Es ist deine heilige Aufgabe, jenen Teil von dir zu ehren, zu schützen und zu verteidigen, der mit dem Göttlichen verbunden ist und den wir deinen inneren König oder deine innere Königin nennen können. Dieser souveräne Aspekt von dir wurzelt tief in uralter Weisheit, nicht nur der menschlichen Rasse, sondern aller Lebensformen. Eine meiner Aufgaben besteht darin, dir als dein Krieger und Beschützer dabei zu helfen. Du brauchst ob dieser Rolle nicht hochmütig zu werden. Nimm sie einfach mit Anmut und Demut an, mit offenem Herzen, fest auf dem Boden stehenden Füßen und hocherhobenem Haupt. Lass dich von den Schwierigkeiten des Lebens nicht unterkriegen. Ich werde mich auch darum kümmern. Bleibe dir deiner Verbindung mit dem Göttlichen bewusst, bleibe gleichzeitig auch in gutem Kontakt mit der Erde. Genieße die Freuden deiner Sinne und den Reichtum deiner Freundschaften, Familie und Gemeinschaft. Diene den Alten, den Jungen und den vom Glück wenig Begünstigten, wann immer du darum gebeten wirst, und tue es in einer Haltung heiliger Brüderlichkeit. Lass dich durch nichts davon abbringen, deine heilige Mission zu vollenden.«

Wenn der Elefant dein Krafttier ist, so heißt das:

- Du bist sehr intelligent und hast einen unersättlichen Appetit auf Wissen, das du dir durch Bildung, Lebenserfahrung und besonders die Erfahrung der Alten anzueignen suchst.
- Du hast eine natürliche Begabung, Probleme zu lösen, und nutzt dabei sowohl deine scharfe Intelligenz als auch deine Intuition. Damit kannst du scheinbar undurchschaubare Hindernisse überwinden, sowohl für dich als auch für andere.
- Am meisten Erfüllung findest du in verschiedenen Arten von Sozialarbeit oder in der Politik. In diesen Bereichen nimmst du oft eine recht verantwortungsvolle Rolle ein.
- Du genießt deine Sexualität. Du bist ein zugewandter, freizügiger und leidenschaftlicher Liebhaber mit einer starken Libido und einer außergewöhnlichen Begabung, deinen Partner zu befriedigen und zu beglücken.

Bitte um die Hilfe des Elefanten, wenn ...

- du deine kurz- und langfristigen Ziele genau kennst, aber nicht weißt, wie du gewisse Hindernisse überwinden sollst. Diese Hindernisse können mentaler (negative Überzeugungen), emotionaler (Angst, Zweifel oder Scham) oder physischer Natur sein (andere Menschen oder Dinge).
- du dich einsam und isoliert fühlst, als ob du weit und breit keinen Freund hättest, und Kraft brauchst, um dich aus deinem Selbstmitleid zu befreien.
- du für eine neue Arbeitsstelle, Beziehung oder Ausbildung mehr Selbstvertrauen und Geduld brauchst oder

wenn du in eine Position mit mehr Verantwortung versetzt wurdest.

- du dich schwach, klein oder erschöpft fühlst und dich stärker, größer oder kräftiger fühlen möchtest, um jeden Augenblick mit vollkommenem Selbstvertrauen anzunehmen.

Zugang zur Kraft des Elefanten

- Widme deine Freizeit Menschen in Not, sei es in einem Hospiz, einem Kinderkrankenhaus oder einem Altenheim.
- Räuchere Nag Champa- oder Sandelholz-Räucherstäbchen, während du meditierst, oder sitze einfach eine Weile in Stille. Wenn du willst, lass dabei im Hintergrund sanfte, klassische Musik spielen.
- Wenn du ein bestimmtes Ziel im Auge hast, notiere all die möglichen Hindernisse, die dich vom Erreichen dieses Zieles abhalten könnten. Verbrenne dieses Papier auf rituelle Weise und schau zu, wie sich all diese Hindernisse in Rauch auflösen.
- Befasse dich mit Tantra oder Taoismus. Tue es voller Achtung vor der Heiligkeit dieser sinnlichen Künste.

Eule

Qualität: Weisheit

Die Botschaft der Eule

»Ich lebe in der Nacht, aber nicht weil ich das Licht scheue, sondern weil alle meine Sinne auf die Welt der Schatten abgestimmt sind. Manche halten mich für eine Todesbotin, doch das stimmt nicht unbedingt. Der Tod ist nur einer der Aspekte der Schattenwelt. Die Schattenreiche können beängstigend sein, doch es gibt dort eigentlich nichts zu fürchten. Die Dunkelheit ist genauso heilig wie das Licht und sie ist voller Magie, Mysterien und altem Wissen. Das Licht wird immer die Dunkelheit zerstreuen, doch es kann das eine nicht ohne das andere geben.

Du hast die Fähigkeit, dir deiner Schatten bewusst zu sein und auch die Schatten der anderen zu erkennen – eine wirklich kraftvolle Gabe, die manche einschüchtern kann. Nutze dein Talent mit Mitgefühl, Umsicht und Sensibilität. Mit deiner erhöhten Wahrnehmung kannst du urteilsfrei hinter alle Masken und Illusionen sehen. Beachte auch, ob es in dir Dunkelheiten gibt, die dich daran hindern, die Bestimmung deines Herzens und deiner Seele ganz zum Ausdruck zu bringen. Beobachte einfach, ohne dich zu schämen oder zu verurteilen. Löse diese Dunkelheit auf, indem du dich zuerst eine Weile hinsetzt und diesen Schatten mit dem Licht deiner inneren Aufmerksamkeit erleuchtest. Dann rufe mich und ich werde ihn entfernen. Ich werde ihn in die Nacht hinaustragen und ihn dort transformieren. Du brauchst nicht im Dunkeln oder im Schatten zu leben. Heile einfach alle Schatten mit Licht.«

Wenn die Eule dein Krafttier ist, so heißt das:

- Du verfügst über große Weisheit, kannst sie aber nicht immer annehmen. Deine Weisheit ist eine Weisheit der Seele und kein intellektuelles Wissen. Ein weiser Mensch braucht sein Wissen nicht immer herauszustellen, vielmehr kommt es darauf an, zu wissen, wann es angebracht ist etwas zu sagen und wann man besser einfach zuhört.
- Deine Wahrnehmung ist sehr sensibel. Du hältst Augen und Ohren weit offen und achtest auf die Feinheiten in der Kommunikation, sowohl verbal als auch nonverbal. Deine mitfühlende Sensibilität kann für die Menschen in deiner Umgebung sehr heilend sein.
- Du achtest auf Zeichen und Omen, vor allem wenn du gerade in Bezug auf eine wichtige Situation oder Beziehung im Dunklen tappst. Es ist wichtig, diesen Zeichen zu vertrauen.
- Deine hellsichtige und intuitive Begabung ist sehr stark und du musst sie akzeptieren und fördern. Vielleicht hast du sogar die Gabe der Vorausschau und weißt um Ereignisse, bevor sie geschehen.

Bitte um die Hilfe der Eule, wenn ...

- du vor schwierigen Entscheidungen stehst, egal ob sie bedeutend oder unbedeutend sind. Achte auf Zeichen, die dich auf den richtigen Weg hinweisen.
- du in einer Beziehung Schwierigkeiten hast, zu erkennen, was an dieser Person wahr und unwahr ist.
- die Ereignisse in deinem Leben plötzlich eine dramatische Wendung genommen haben, du zum Beispiel eine Beziehung oder eine Arbeit verloren hast und Hilfe brauchst, um diese dunkle Zeit zu überstehen.

- du dich auf ein neues Wissensgebiet eingelassen hast, das für dich eine Herausforderung darstellt, und du dir nicht sicher bist, ob du es schaffen wirst.

Zugang zur Kraft der Eule

- Verbringe etwas Zeit im Freien in Stille – vielleicht im Wald, am Strand oder in deinem Garten. Setz dich hin und beobachte. Achte auf die kleinsten Details. Lausche auf die Geräusche, die dich umgeben. Beachte jede Wahrnehmung, nicht nur, was du hörst und siehst, sondern auch, was du in deinem Körper wahrnimmst. Probiere dies einmal bei Tag und einmal in der nächtlichen Dunkelheit.
- Wer bist du? Antworte auf diese einfach Frage, indem du sanft, aber deutlich hörbar sagst: ICH BIN! Schau dich dabei in deiner Umgebung um und atme tief und gleichmäßig. Tue dies eine Woche lang jeden Tag. Achte darauf, wie du dich dabei fühlst.
- Bewege dich heimlich und lautlos wie eine Eule. Probiere es sowohl drinnen als auch draußen. Halte deine Augen dabei offen und lausche auf die Geräusche um dich herum. Atme gleichmäßig weiter, während du dich bewegst.
- Lies in den nächsten zwei Wochen Bücher mit universellen spirituellen Weisheiten, zum Beispiel von Krishnamurti, Yogananda, Sogyal Rinpoche oder Texte über spirituelle Meister.

Frosch

Qualität: Läuterung

Die Botschaft des Frosches

»Singe! Lass deine Stimme ertönen! Sie wird dir bis in die Knochen und bis in deine Seele Klarheit und Erfrischung bringen, deine Umgebung heilen und reinigen und dich und andere mit der Schwingung alter Rhythmen und Gesänge erfreuen. Sei still und lausche auf meinen Gesang. Er bringt Regen und der Regen säubert das Land, wäscht allen Schmutz und Dreck weg und ersetzt trübe, stehende Gewässer durch reines, klares Nass. Rufe den Regen, damit er hilft, dein Herz und deinen Verstand von allen emotionalen und mentalen Giften zu befreien, die sich dort angesammelt haben und dich daran hindern, ganz du selbst zu sein. Der Regen wird alle Negativität wegspülen und dir damit den Weg zu größerer Klarheit über deine Richtung frei machen. So kannst du den Sinn deiner wahren Identität und Bestimmung besser erkennen. Du brauchst diese Läuterung nicht zu fürchten, denn das Wasser ist sanft. Vertraue dem Wasser. Vertraue auf dein Lied.«

Wenn der Frosch dein Krafttier ist, so heißt das:

- Du reagierst empfindsam auf die Gefühle anderer und bringst dein Mitgefühl gerne zum Ausdruck. Du scheinst immer zu wissen, was du sagen sollst – und wann es zu schweigen gilt.
- Dein Gesang ist lieblich und machtvoll. Er kann Gefühle

hervorrufen und bei den Zuhörenden Herz und Seele heilen. Du kannst mit Hilfe deiner Stimme alle spirituellen Gifte und negativen Energien auflösen.

- Die Fülle ist dir gewiss. Du erfährst niemals Mangel und alles, was du brauchst, kommt zu dir.
- Wer dir begegnet, hält dich zunächst für einen ganz gewöhnlichen Menschen, bis er bei näherem Kennenlernen deine Tiefe und deinen edlen Charakter entdeckt.

Bitte um die Hilfe des Frosches, wenn ...

- du das Bedürfnis hast, dein Leben von Menschen, Orten oder Dingen zu bereinigen, die nicht mehr zu dir passen oder deinem wachsenden Bedürfnis nach Frieden und Gelassenheit entgegenwirken.
- du dich schwach, angestrengt, reizbar, überfordert, ausgelaugt, erschöpft oder frustriert fühlst und dich davon befreien möchtest.
- du dein Heim, dein Büro oder einen bestimmten Raum reinigen oder segnen möchtest.
- du das Gefühl hast, deine Stimme verloren zu haben oder aus Angst vor der Reaktion anderer nicht den Mund aufzumachen wagst, aber weißt, dass es wichtig wäre.

Zugang zur Kraft des Frosches

- Hocke dich eine Weile hin wie ein Frosch, dann hüpfe herum und achte darauf, wie sich das anfühlt.
- Singe allein oder mit anderen melodische, rhythmische Lieder, die sich angenehm wiederholen lassen.
- Führe ein drei- bis siebentägiges, körperliches Reinigungsprogramm durch. Lass dich von einem Experten

beraten, welche Art von Reinigung am besten für dich wäre.

- Bade in reinigendem Meersalz, stelle ein paar Kerzen um die Wanne auf und verwende dein liebstes Aromaöl. Lass sanfte Musik ertönen, während du im Stillen immer wiederholst: »Ich lasse jetzt alles Negative aus meinem Körper, meinem Verstand und meiner Seele los.«
- Widme etwas Zeit, Energie oder Geld einer Organisation, die gegen die Verschmutzung der Gewässer vorgeht.

Fuchs

Qualität: Gestaltwandel

Die Botschaft des Fuchses

»Gerissen wie ein Fuchs? Ich halte mich nicht für besonders schlau oder raffiniert, auch wenn mir dies oft zugeschrieben wird. Es ist einfach natürlich für mich, nichts Besonderes. Doch die Behauptung, es sei nichts Besonderes, könnte ein Ausdruck meines Charmes oder ein raffinierter Trick sein, stimmt's? Genauso ist es, wenn wir zusammenarbeiten. Du bemerkst meine Anwesenheit vielleicht gar nicht, aber du weißt, dass ich in der Nähe bin, wenn du dich unbemerkt von einer Party entfernen oder unauffällig unter Menschen mischen kannst oder wenn dich niemand zu sehen scheint, wenn du es nicht willst. Ich kann dir aus fast jeder Klemme helfen. Du darfst nur nicht faul werden, mit deinen Fähigkeiten angeben oder versuchen, die Leute auszutricksen, denn dann stellst du dir selbst ein Bein und verfängst dich in deiner eigenen Falle.

Wenn du dich für besonders schlau hältst und meinst, dich besonders raffiniert zu verhalten, merken es die Leute sofort. Andererseits geht es auch nicht darum, sich dumm zu stellen, denn das bist du nicht – auch wenn dir das Dummstellen manchmal aus der Patsche helfen kann. Verlass dich auf deine natürliche Intelligenz und lass dich von deinen Sinnen leiten. Denke daran: Du brauchst niemandem etwas zu beweisen! Basta! Außerdem solltest du niemals zu viel von dir preisgeben. Behalte dein Privatleben für dich.«

Wenn der Fuchs dein Krafttier ist, so heißt das:

- Deine Gerissenheit, die dir half, in deinen frühen Jahren schwere Traumata zu überleben, hat sich zu einer raffinierten, instinktiven Intelligenz und sehr scharfen Sinnen entwickelt, die dir im Umgang mit der Welt sehr dienlich sind.
- Auch wenn du bereits ein Nachtmensch bist, wirst du wahrscheinlich noch nachtaktiver werden, vor allem bei Vollmond.
- Du bist ein scharfsinniger Beobachter. Du bleibst unerkannt, du hörst, was nicht gesagt wird, und siehst, was ungesehen bleibt. So weißt du manchmal, was gleich passieren wird. Diese Gabe ermöglicht es dir, anderen einen Schritt voraus zu sein.
- Du kannst nicht nur so weit mit deiner Umgebung verschmelzen, dass du unsichtbar wirst, sondern du kannst auch verschiedene Identitäten annehmen, indem du deine Körperhaltung, deinen Gesichtsausdruck, deine Gestik und deinen Tonfall so weit veränderst, dass dich mancher nicht auf den ersten Blick erkennt.

Bitte um die Hilfe des Fuchses, wenn ...

- du vor scheinbar unüberwindbaren Problemen stehst, die eher durch Feingefühl und Umsicht zu lösen sind, als durch Direktheit und Konfrontationen, die alles nur verschlimmern könnten.
- du das Gefühl hast, zu sichtbar geworden zu sein. Vielleicht stehst du viel im Licht der Öffentlichkeit und willst dich einfach mal unters Volk mischen, ohne Aufmerksamkeit zu erregen.

- du in einer Situation bist, die schnelle Entscheidungen und entsprechendes Handeln verlangt.
- du durch frühere Erfahrungen gelernt hast, dich hinter niedrigem Selbstwertgefühl zu verstecken und jetzt Strategien entwickeln möchtest, die angenehmer sind und dein Selbstwertgefühl stärken.

Zugang zur Kraft des Fuchses

- Übe, dich unsichtbar zu machen, indem du zunächst die Farben und Texturen deiner Umgebung studierst und dir dann vorstellst, wie dein Körper die gleichen Farben und Texturen annimmt und Teil dieser Umgebung wird.
- Experimentiere auf einer Party oder einer Versammlung damit, die Intensität und das Energiefeld um deinen Körper herum so anzupassen, dass es den Energiefeldern der anderen um dich herum entspricht.
- Geh zwei oder drei Mal in der Woche draußen joggen, am besten auf weichem Boden, und verfalle dabei von Zeit zu Zeit in einen schnellen Trab, bei dem du die Füße auf einer geraden Linie voreinander setzt.
- Wann immer sich die Gelegenheit ergibt, lehne dich zurück und beobachte andere. Achte besonders auf ihre Körpersprache, ihren Ausdruck und ihren Tonfall. Versuche dabei, selbst unbemerkt zu bleiben.

Giraffe

Qualität: Vorausschau

Die Botschaft der Giraffe

»Manche meinen, mein Thema sei das Streben nach etwas, was gerade außerhalb der Reichweite liegt, aber das stimmt nicht. Das ist nicht mein Problem. Viel schwerer fällt es mir, etwas unten Liegendes zu erreichen, zum Beispiel wenn ich trinken oder einen Leckerbissen vom Boden abpflücken will. Dabei verliere ich den Blick auf den Horizont und fühle mich verletzlich. Ich bin sicher, dir geht es genauso. Hältst du deinen Kopf zu tief am Boden, vernebelt dir der Staub deine Sicht. Doch ab und zu muss ich den Kopf senken, um meine Bedürfnisse zu befriedigen. Von dort aus sieht die Welt ganz anders aus. Das hilft mir, nicht immer nur auf das zu schauen, was in der Ferne, hinter dem Unmittelbaren liegt. Es ist gut, den weiteren Weg im Auge zu behalten, aber manchmal ist es wichtig, nach unten auf das zu schauen, was unmittelbar vor den Füßen passiert.

Um in die Ferne zu schauen, brauchst du kein Fernglas. Sei einfach offen für die Voraussicht, die sich ganz natürlich einstellt, wenn du deine Augen öffnest und auf den Horizont blickst. Bewahre dabei das Gleichgewicht. Deine Freunde können dir dabei helfen, bleibe daher in ihrer Nähe. Sie werden dich wissen lassen, wenn du zu abgehoben wirst. Du solltest auch auf eine klare Kommunikation achten, vor allem mit deinen Freunden und deiner Familie. Fürchte dich nicht, sie wissen zu lassen, wer du wirklich bist. Du brauchst dich nicht klein zu machen. Richte dich auf! Deine Füße werden immer auf dem Boden bleiben – vergiss nur nicht, wo sie sind.«

Wenn die Giraffe dein Krafttier ist, so heißt das:

- Du bist auf bemerkenswerte Weise in der Lage, vorauszuschauen, sei es in Träumen, Visionen, durch Ideen oder durch Zeichen in deiner Umgebung.
- Du bist locker, entspannt und freundlich. Fröhliches Beisammensein liegt dir mehr als formelle Veranstaltungen. Wenn du mit jemandem Freundschaft geschlossen hast, bleibst du ihm lange treu.
- Eine deiner großen Stärken ist die Kommunikation. Du kannst deine Gedanken und Gefühle gut vermitteln und du ermutigst andere, sich klar und direkt auszudrücken.
- Du hast den Kopf im Himmel und die Füße auf der Erde. So lebst du in einem Gleichgewicht zwischen deinem spirituellen und deinem materiellen Leben.

Bitte um die Hilfe der Giraffe, wenn ...

- du dir über den Ausgang eines bestimmten Projekts oder einer Beziehung Sorgen machst und gerne wüsstest, was da auf dich zukommt.
- du in deinen persönlichen oder beruflichen Beziehungen angespannt bist, vielleicht weil du hauptsächlich mit der Erfüllung der Aufgabe beschäftigt bist und dich nicht um die zwischenmenschlichen Belange kümmerst. Dabei wärst du lieber entspannter und freundlicher.
- du das Gefühl hast, dass dein Leben stagniert und du so selbstzufrieden geworden bist, dass du nicht mehr vorwärts schaust oder nicht dem, was du siehst, entsprechend handelst.
- du Probleme hast, in deinen beruflichen Beziehungen deine Ideen zu vermitteln oder dir nahe stehenden

Menschen gegenüber deine innersten Gefühle zum Ausdruck zu bringen.

- du klar ein Ziel vor Augen hast, aber dich nicht so recht traust, darauf zuzugehen.

Zugang zur Kraft der Giraffe

- Achte darauf, mehr Sozialkontakte zu entwickeln. Ruf Freunde an, erweise jemandem einen Gefallen oder verbringe mehr Zeit mit deinem Partner oder deiner Familie. Bringe deine Gefühle besser durch liebevolles Handeln als durch leere Versprechungen zum Ausdruck.
- Richte dich auf. Strecke deinen Nacken und deine Wirbelsäule leicht und stell die Füße dabei etwas auseinander. Schau dich dabei um und richte deinen Blick dann auf den fernsten Punkt, den du sehen kannst. Spüre dabei deine Füße auf dem Boden.
- Setze dich bequem hin und lege deine Handfläche sanft auf dein Drittes Auge, jenen Bereich in der Mitte der Stirn, der als Sitz der Intuition gilt. Lass sie dort eine Weile liegen. Achte auf Gedanken, Visionen oder andere Eindrücke, die währenddessen oder kurz nachdem du die Hand wieder weggenommen hast auftauchen. Schreibe sie auf.

Habicht

Qualität: Perspektive

Die Botschaft des Habichts

»Ich bin ein Luftwesen und fasziniert von dem, was ich von hier oben sehen kann. Ich jage nicht immer, wenn du mich hier oben siehst. Oft schwebe ich einfach, lasse mich von den Luftströmungen treiben und genieße die Weite der Landschaft unter mir. Es ist eine ehrfurchtgebietende, wunderschöne Aussicht. Und das ist es auch, was du brauchst: eine neue Sichtweise. Du hast dich zu sehr in den alltäglichen Aspekten deines Lebens verfangen, dem fruchtbaren Boden für Sorgen und Bedenken. Befreie dich davon. Flieg für eine Weile weg. Das wird dir helfen. Verstricke dich nicht zu sehr in die Details deines Lebens, sondern vertraue mehr der Kraft, die entsteht, wenn du dich dem Strom des Lebens anvertraust. Versuche nicht länger, andere oder die Situation zu verändern. Akzeptiere sie, wie sie ist. Nimm dir Zeit, einfach zu *sein*, zum Beispiel indem du dich hoch auf einen Felsen setzt oder in den Wäldern und Bergen wanderst. Es geht dir am besten, wenn du die spirituelle Perspektive nicht aus den Augen verlierst, und das ist gar nicht so schwer. Du verfügst über Erfahrungen und Weisheit, die du oft vorschnell ignorierst oder verleugnest. Vertraue auf sie und du wirst die fundamentale Wahrheit all dessen erkennen.«

Wenn der Habicht dein Krafttier ist, so heißt das:

- Du kannst den größeren Zusammenhang erkennen. Innerhalb dieses großen Bildes kannst du dich auch ganz auf ein Detail konzentrieren, das deine Aufmerksamkeit auf sich zieht.
- Du verfügst über ein tiefes spirituelles Bewusstsein, und wenn du es zum Ausdruck bringst, schwingst du dich hoch empor! Das hat eine positive Wirkung auf andere, halte dich also nicht zurück.
- Du bist ein Meister des Mit-dem-Fluß-Gehens. Du spürst die emotionalen Strömungen, die durch die Menschheit fließen. Du kannst dich diesen Strömungen mühelos anpassen, ohne dir die Federn zerzausen zu lassen.
- Du bist gut darin, Zeichen und Omen aus der Natur zu interpretieren, vor allem wenn es um Dinge geht, die Auswirkungen auf den größeren Zusammenhang haben. Egal ob sie auf Segensreiches oder auf Gefahren hindeuten, du weißt, dass diese Zeichen einem höheren Zweck dienen.

Bitte um die Hilfe des Habichts, wenn ...

- deine Gefühle, seien es Angst, Schuld, Niedergeschlagenheit oder alles zusammen, dich so überwältigen, dass du deinen Durchblick und deinen Glauben verloren hast.
- deine Pläne fehlschlagen oder sich auf unerwartete Weise verwirren und du dich schwer tust, dies in Einklang zu bringen mit deinen unerfüllten Erwartungen. Eigentlich möchtest du gerne darauf bestehen, dass es so sein soll, wie du es haben willst.
- du dich in einer Zeit intensiver geistiger Tätigkeit befin-

dest, zum Beispiel während einer Ausbildung, und du für eine Weile die größtmögliche Konzentrationsfähigkeit und Aufmerksamkeit brauchst, um die Aufgabe zu bewältigen.

- du dich niedergeschlagen und deprimiert fühlst und den Kopf hängen lässt.

Zugang zur Kraft des Habichts

- Begib dich an einen Berghang. Setze oder lege dich hin, schließe deine Augen und lass deinen Geist hoch über die Baumwipfel schweben. Stell dir vor, wie es wäre, die Welt aus dieser Perspektive zu sehen.
- Schließe deine Augen und nimm dir ein paar Minuten Zeit, um dir so detailliert wie möglich vorzustellen, wie dein Leben in einem Jahr aussehen soll. Wenn du fertig bist, schreibe es auf. Dann schließe deine Augen und spüre, wie sich das in deinem Körper anfühlt. Schreibe danach auf, welche Schritte du heute, morgen, diese Woche und diesen Monat unternehmen wirst, um das zu manifestieren, was du gesehen hast.
- Stell dich hin und strecke die Arme weit zur Seite aus. Richte dich auf und schau mit hoch erhobenem Kopf voraus. Stell dir vor, wie du schwebst und unter dir der Wind pfeift. Achte darauf, was während dieses Schwebens vor deinen Augen erscheint.
- Übe, einen weichen Fokus zu halten. Richte deinen Blick auf ein Objekt in der Ferne und dann lass deinen Blick weich werden, sodass du dein Blickfeld erweiterst. Bemerke, was sich noch in deinem Blickfeld befindet, während dein Blick weiter auf das Objekt ausgerichtet bleibt.

Känguru

Qualität: Fülle

Die Botschaft des Kängurus

»Ich habe einen riesigen Spielplatz und nutze ihn voll aus. Ich genieße die Früchte des Landes und das Spiel mit Freunden. Alles, was ich brauche, finde ich sofort. Ich bin für die Chance dieser Existenz unendlich dankbar und frage mich nie, wo wohl die nächste Mahlzeit herkommen wird. Ich komme auch mit Zeiten der Dürre zurecht, in denen vielleicht gewisse Opfer gebracht werden müssen. Und solange man unter Freunden und im Familienkreis ist, gibt es eigentlich keine Dürre.

Du bist viel gesegneter und umsorgter, als du glaubst. Hör auf, so viel Zeit in deinem Kopf mit Sorgen zu verbringen oder dich von jeder Kleinigkeit, die schief zu gehen scheint, nerven zu lassen. Es wird viel besser gehen, wenn du dein Misstrauen und deine Negativität loslässt. Du wirst viel mehr erledigen und mehr Zeit zum Spielen haben. Das Leben in der Fülle ist viel einfacher, als du es dir vorstellst.

Schau dich um, wer dich liebt und wen du liebst. Streife ein wenig herum, aber höre auf, nach dem zu suchen, was du brauchst. Lass es sich stattdessen einfach vor dir manifestieren. So funktioniert das Leben, oder so funktioniert es jedenfalls, wenn du ihm erlaubst zu funktionieren und aufhörst, dich von alten Geschichten herunterziehen zu lassen, die dich daran hindern, weiterzugehen.

Halte inne und schau. Was siehst du direkt vor deiner Nase? Du siehst das, was vor dir liegt, und da geht's immer lang. Folge deiner Nase! Erfreue dich an jeder Erfahrung und vertraue, vertraue! Versuche nicht, es zu verstehen. Bete, lausche und tu dann, was der Große Geist dir sagt. Es gibt in Wirklichkeit keinen anderen Weg.«

Wenn das Känguru dein Krafttier ist, so heißt das:

- Du hast die Fähigkeit, dich auf den unmittelbaren Augenblick und die Zukunft zu fokussieren und bist kaum vergangenheitsbezogen. Du bist in der Lage, alle Gefühle über das Vergangene schnell loszulassen.
- Du bist ein sehr soziales Wesen und fühlst dich in Gruppen und in deiner Familie sehr wohl. Manchmal brauchst du ein wenig Alleinsein, um dich wieder ins Gleichgewicht zu bringen, und dieses Bedürfnis nimmt im Alter zu.
- Du lebst ständig in einem Zustand der wahren Fülle. Du vertraust darauf, dass das Leben dir alles gibt, was du brauchst.
- Du hast viel Geduld mit anderen, vor allem mit Kindern und Familienmitgliedern und gibst ihnen gerne. Wenn nötig, hältst du deine eigenen Bedürfnisse zurück, damit andere das erhalten, was sie brauchen.

Bitte um die Hilfe des Kängurus, wenn ...

- du ständig über die Vergangenheit nachdenkst und dadurch im Leben nicht mehr vorwärts kommst.
- deine Arbeit und dein Beziehungsleben aus dem Gleichgewicht geraten sind, weil du dich zu sehr auf das eine oder das andere konzentriert hast und nicht weißt, wie du wieder einen Ausgleich herstellen kannst.

- du dazu neigst, immer den Mangel zu sehen und gerne mehr Fülle in dein Leben holen möchtest.
- du eine verantwortungsvolle Position eingenommen hast, in der du für mehrere Menschen Verantwortung trägst, und für diese neue Phase deines Lebens mehr Selbstvertrauen brauchst.

Zugang zur Kraft des Kängurus

- Versuche, mit beiden Beinen gleichzeitig zu hüpfen und deine Hände dabei locker vor deinen Solarplexus zu halten, also die Haltung eines Kängurus nachzuahmen.
- Wenn du dich in einer Gruppe befindest, tu, was du kannst, um in dieser Gruppe die Harmonie und das Gleichgewicht aufrechtzuerhalten.
- Erstelle eine Liste von allem, was in deinem Leben gut und richtig ist und was du schätzt. Dann geh die Liste durch und konzentriere dich auf deine Dankbarkeit für diese Dinge.
- Wähle einen Tag, an dem du deine eigenen Bedürfnisse zurückstellst, alles Klagen lässt und dich nur darauf konzentrierst, etwas für andere zu tun. Das können Komplimente sein, eine Hilfeleistung oder eine andere ernst gemeinte Geste.

Kaninchen

Qualität: Fruchtbarkeit

Die Botschaft des Kaninchens

»Manche Leute meinen, dass wir Kaninchen nur ängstlich sind und sonst nichts. Das ist ein Irrtum. Sicher verhalten wir uns manchmal sprunghaft, aber bei uns geht es um weit mehr als um Furcht. Zum Beispiel bringen wir viele Kinder hervor. Das ist nötig, weil so viele unserer Brüder und Schwestern Nahrung brauchen und wir bereit sind, einige unserer Art zu opfern, damit das Leben weitergehen kann. Das ist keine große Angelegenheit. Ich hasse diejenigen nicht, die meinen Körper als Nahrung brauchen. Dessen bin ich nicht fähig. So ist es einfach und ich akzeptiere das. Für dich bedeutet diese Fruchtbarkeit nicht nur die Fruchtbarkeit des Körpers, mit der sich die Art erhält, sondern insbesondere die Fruchtbarkeit des Geistes und des Herzens. Fruchtbarkeit des Geistes bedeutet zu träumen und zu erschaffen, die Möglichkeiten des künstlerischen Ausdrucks auszukosten – von der unförmigen, von Kinderhand gemachten Tonschale, bis hin zu den unglaublichen Meisterwerken, zu denen ihr Menschen fähig seid. Fruchtbarkeit des Herzens bedeutet, dein Herz zu öffnen und alle Formen des Lebens zu lieben und diese Liebe auf vielfältigste Weise zum Ausdruck zu bringen.

Du solltest deinen Erfolg nicht daran messen, wieviel du herumgesprungen bist – gelegentlich musst du Pause machen und zur Stille kommen. Dann kannst du auf den Wind lauschen, die Sonne auf deinem Körper spüren und schlauer sein als die, die mehr von dir nehmen wollen, als du geben willst. Unsere Leben sind kurz – deines auch. Genieße es so gut du kannst, springe herum und wisse, dass du beschützt bist. Vertraue darauf, dass du, wenn du ganz still wirst, immer den Herzschlag deiner Seele vernehmen kannst.«

Wenn das Kaninchen dein Krafttier ist, so heißt das:

- Dein Reden und dein Handeln sind flink und gewitzt. Du kannst mit Hilfe deiner Intelligenz, deines gesunden Menschenverstandes und deiner Schlauheit über Gegner triumphieren und dich aus unangenehmen Situationen befreien.
- Du hast immer einen Ersatzplan bereit und bist auf alle Eventualitäten vorbereitet. Selbst in sehr stressigen oder beängstigenden Situationen kannst du deine Pläne immer noch rasch den Erfordernissen anpassen.
- Du neigst dazu, in deinem persönlichen und in deinem Arbeitsleben abwechselnd Phasen der Ruhe und der intensiven Aktivität zu haben.
- Du bist sensibel, künstlerisch begabt, redegewandt und besitzt eine philosophische Tiefe, die andere überrascht, wenn sie dich noch nicht so gut kennen.
- Du bist optimistisch und positiv und kannst Pessimismus und Weltuntergangsstimmungen nur schwer aushalten.

Bitte um die Hilfe des Kaninchens, wenn ...

- sich dir eine gute Gelegenheit bietet, du aber schnell handeln musst, um sie nutzen zu können.
- du mit etwas beschäftigt bist, was sich nur langsam entwickelt, und du die Sache beschleunigen möchtest.
- du ein Kind bekommen möchtest, doch andererseits wieder mehr die Freude und das Spielerische im Zusammensein

mit deiner oder deinem Liebsten genießen willst, ohne dabei auf das Ergebnis fixiert zu sein und dich anzustrengen.

- du erfolglos versucht hast, ein Projekt durchzuführen, und über die Blockaden frustriert bist, die dich bislang davon abgehalten haben, dein Ziel zu erreichen.

Zugang zur Kraft des Kaninchens

- Wenn du das nächste Mal im Freien bist, finde ein unauffälliges Plätzchen und steh eine Weile dort so still wie möglich.
- Bedecke dich mit Decken und Kissen, sodass du dich ganz bequem und beschützt fühlst und stell dir vor, das sei dein Bau.
- Iss ein paar Tage lang nur vegetarisch mit viel Obst und Salat.
- Lege einen Gemüsegarten an und widme einen Teil davon den kleinen Tieren, auch den Kaninchen, die dorthin kommen und dort fressen können.
- Hüpfe! Genau, hüpfe, als wärest du wieder ein Kind, mindestens eine Minute lang. Ändere dabei häufig die Richtung und die Geschwindigkeit.

Kojote

Qualität: Paradox

Die Botschaft des Kojoten

»Überraschung! Ich bin's! Quicklebendig, ohne immer zu wissen, warum ich etwas tue oder nicht. Manchmal bin ich verwirrt und verärgert, doch immer versuche ich es aufs Neue. Manchmal möchte ich ein Problem lösen, indem ich es stur und störrisch immer wieder auf die gleiche Weise angehe, auch wenn das bisher nicht funktioniert hat. Aber keine Sorge: Ich bin ein Überlebenskünstler. Und du auch. Wie oft hast du es erlebt, dass in deinem Leben etwas scheinbar schief ging, was sich später als wichtige Lektion oder als Schritt auf deinem spirituellen Weg entpuppte? Wenn du kapierst, dass das Leben ein einziges, großes Paradox ist, dann kennst du das wahre Geheimnis des Lebens. Es gibt nichts Negatives, nur Ergänzungen zum sogenannten Positiven. Licht und Dunkelheit, Weiblich und Männlich, Ja und Nein und – was mich betrifft – vor allem Weisheit und Narrheit.

Nimm all dies niemals zu ernst, vor allem in Zeiten, wo du nur von einem Fettnäpfchen ins nächste zu treten scheinst. Lach darüber, wein darüber, aber lieber Tränen der Erleichterung als Tränen der Verzweiflung. So ist halt das Leben. Nimm's nicht so schwer!«

Wenn der Kojote dein Krafttier ist, so heißt das:

- Egal wie schwierig eine Situation zu sein scheint, du schaffst es immer, sie mit Humor zu nehmen und auch den Menschen in deiner Umgebung zu helfen, die Dinge etwas leichter zu nehmen.

- Du suchst in schwierigen Situationen immer nach der darin steckenden Lektion. Meistens entdeckst du dabei etwas für dich oder die Gruppe Bedeutungsvolles, was man sonst leicht übersehen würde.
- Du bist erstaunlich erfinderisch und anpassungsfähig.
- Du bist ein Lehrer, sei es als Beruf oder einfach in deinem Umgang mit anderen. Du lehrst oft durch Geschichten aus dem Leben, statt einfach nur Fakten oder Prinzipien herunterzurattern.

Bitte um die Hilfe des Kojoten, wenn ...

- du vor einer Entscheidung stehst, bei der du nicht weißt, ob dein nächster Schritt klug ist oder Chaos verursachen wird.
- du über einen verwirrenden Traum, eine Vision oder eine Erfahrung nachdenkst, um ihre tiefere Bedeutung zu erfassen.
- du niedergeschlagen bist und dir der Sinn für Humor abhanden kam, sodass du den kosmischen Witz des Lebens nicht mehr erkennen kannst.
- du vor einem schier unüberwindbaren Problem stehst und kreative Lösungsmöglichkeiten suchst.
- dich die Routine in deinem Leben langweilt und du merkst, wie du der Monotonie durch Suchtverhalten auszuweichen suchst, obwohl du dich eigentlich nach neuen, gesunden Anregungen sehnst.

Zugang zur Kraft des Kojoten

- Spiele. Treibe spontane, frivole Späße. Springe albern herum, ohne jeden Grund. Sing vor dich hin, während du die Straße entlanggehst. Kullere einen Hügel hinab. Laufe umgekehrt die Rolltreppe hinauf (aber vorsichtig!).
- Notiere in deinem Tagebuch, wie du andere hinters Licht führst, z. B. indem du dich dumm stellst, den Kraftmeier spielst oder dich über dich selbst lustig machst und so versuchst, Anerkennung zu gewinnen. Sei ganz ehrlich, ohne Scham oder Urteil. Hole dieses Verhalten einfach in das Licht deiner Wahrnehmung.
- Geh in der Dämmerung – nach Sonnenuntergang – ins Freie, in den Park oder in den Wald, wo möglichst wenig Menschen sind. Spaziere herum und rufe dabei innerlich den Kojoten.
- Wann immer du eine schwierige Zeit hinter dir hast, sieh das Positive oder die Geschenke, die daraus entstanden sind.

Kolibri

Qualität: Freude

Die Botschaft des Kolibris

»Ich liebe das Leben! Es ist so herrlich, rückwärts und vorwärts und auf und ab zu schwirren. Ich bin höchst flexibel darin, wo ich hinfliege. Vor allem achte ich sehr genau darauf, wen ich in meine Nähe lasse. Wenn mir etwas furchterregend oder beängstigend erscheint, schwupps, bin ich weg! Das Leben ist zu kostbar, um irgendwo zu bleiben, wo es sich nicht gut anfühlt. Ich ziehe die Blumen und Bäume vor. Ich sehe all die schönen Blumen nicht nur, ich rieche und schmecke sie auch.

Das gilt auch für dich: Sag Ja zum Leben! Koste den süßen Nektar des Lebens, er ist immer in deiner Nähe, selbst wenn du vielleicht erst etwas umherfliegen musst, um ihn zu finden. Wisse, dass das einzig wahre Gefängnis dein Glaube an Beschränkung ist. Lass ihn los und erfahre, welche Fülle von Liebe und Möglichkeiten dich umgibt. Du brauchst nur die Bereitschaft, sie zu sehen, zu schmecken und zu fühlen. Wisse, dass du mit allen schwächenden Negativitäten umgehen kannst, indem du schnell in Sicherheit fliegst. Das kann bedeuten, dass du dich physisch zurückziehst oder dich innerlich aus der Situation entfernst. Du brauchst nirgendwo zu bleiben, nur damit niemand etwas Schlechtes über dich denken könnte. Es steht dir immer frei, Liebe und Freude zu wählen!«

Wenn der Kolibri dein Krafttier ist, so heißt das:

- Du bist so voller Freude und hast solch eine positive Einstellung, dass du dich von negativen oder groben Energien schnell zurückziehen musst, damit sie dich nicht beeinträchtigen.
- Du brauchst deine Freiheit, um gesund und fit zu bleiben. Jede Arbeit oder Beziehung, die dich körperlich oder spirituell einschränkt oder angreift, wird deine Seele krank machen.
- Am besten arbeitest du selbstständig, vor allem bei einer Tätigkeit, bei der du regelmäßig ins Freie kommst.
- Wegen deiner feinen, ruhigen Art halten dich andere vielleicht für zerbrechlich, aber dem ist nicht so. Du bist sehr stark – deine Kraft liegt in deiner Sanftheit und deinem liebevollen Verhalten gegenüber anderen.

Bitte um die Hilfe des Kolibris, wenn ...

- du dich niedergeschlagen oder überfordert fühlst und dich nach etwas Leichtigkeit sehnst.
- du in einer negativen oder gefühlskalten Umgebung bist und dich schützen willst.
- du dich abgelenkt und unkonzentriert fühlst und nicht in der Gegenwart bist.
- du dich wegen etwas in deiner Vergangenheit schuldig oder beschämt fühlst. Der Kolibri kann dir helfen, dich von dem emotionalen Schutthaufen von Angst, Scham oder Ärger, der mit diesen Erinnerungen verbunden ist, zu befreien und dir selbst und anderen zu vergeben.

Zugang zur Kraft des Kolibris

- Geh irgendwo ins Freie, wo du von Blumen umgeben bist oder hole dir Blumen in dein Haus. Achte darauf, immer mal wieder innezuhalten und ihren Duft einzuatmen, ihre Schönheit zu bewundern und zu bemerken, welche Gefühle die verschiedenen Blumen mit ihren Farben und Düften in dir auslösen.
- Liebe ist die Grundlage der Freude, und der beste Weg, Liebe zu bekommen, ist, Liebe zu geben. Um deine Freude zu entwickeln, tue im Laufe der nächsten zwei Wochen jeden Tag etwas Liebevolles, Selbstloses, bei dem du nicht auf das Ergebnis oder die Anerkennung durch andere achtest. Tu es um des Gebens willen. Vielleicht gibst du einem Obdachlosen Geld, vielleicht sammelst du im Wald den Müll ein oder du sagst einem Freund, wie sehr du ihn schätzt.
- Lass die Last der Schuld- und Schamgefühle los, indem du ein Stück Papier nimmst und oben drauf schreibst: »Ich vergebe mir jetzt und für immer, dass ich ...« und dann mindestens sechs bis acht Dinge aus deiner Vergangenheit aufschreibst, die dich immer noch belasten. Sei brutal ehrlich. Wenn du fertig bist, lies dir die Liste laut vor und achte auf die Empfindungen in deinem Körper. Atme bei jeder Aussage bewusst ein und aus. Wenn du so weit bist, verbrenne oder vergrabe das Papier auf rituelle Weise und achte darauf, wie sich das anfühlt.

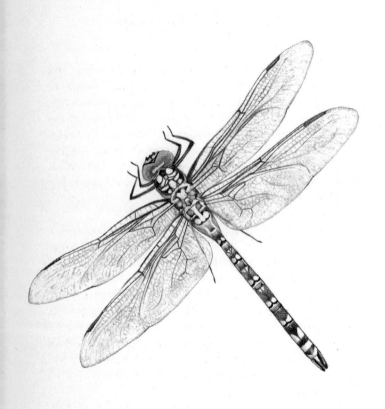

Libelle

Qualität: Licht

Die Botschaft der Libelle

»Ich tanze und flitze herum, aus dem Wasser geboren und immer damit verbunden, doch als Erwachsene lebe ich in der Luft und auf dem Land. Ich habe es nicht nur geschafft, auf diesem unglaublich reichen Planeten seit Millionen von Jahren zu überleben, ich habe ihm auch Schönheit geschenkt, während ich die Schönheit genieße, die mich immer umgibt. Schau! Sieh meinen Körper, die reinen Farben. Sieh meine Flügel, wie sie das Licht in seiner ganzen Herrlichkeit brechen und spiegeln und mit mir tanzen, ob ich ruhe oder ob ich durch die Lüfte sause.

Auch du bist ein Meister des Lichts und der Farbe. Du bist in der Lage, mit diesen Fähigkeiten Illusionen zu erzeugen und erkennst gleichzeitig die Wahrheit hinter den Illusionen und der Falschheit der anderen. Um diese Fähigkeiten zu stärken, ist es wichtig, deine Beziehung zu den Naturgeistern zu pflegen, zu den Feen, den Devas und den Zwergen, die alle einmal physische Wesen waren. Jetzt bleiben sie für die Fantasielosen unsichtbar, doch für jene, die an sie glauben, sind sie auf der anderen Seite des Schleiers erreichbar. Dein offenes Herz und deine Akzeptanz ermöglichen dir, sie zu hören, zu sehen und zu spüren.

Lass sie deine Verbündeten sein. Lass dich von ihnen belehren. Sie bitten darum, dass alle, die dieses Bewusstsein haben, auf sie achten und ihnen helfen, das Gleichgewicht auf der Erde wieder herzustellen. Sie wollen den Menschen helfen, wieder zu allen anderen Wesen auf dieser Erde eine gute

Beziehung aufzubauen, insbesondere zu den Pflanzenwesen, und die Schönheit und Macht der Meisterenergien der Bäume zu erkennen. Lass dich von mir durch diese Reiche führen. Lass dir von mir helfen, diese Wesen kennen zu lernen. Verfange dich nicht in der Illusion, dass es sie nicht gibt. Sie lieben die Menschen und wer bereit ist, an sie zu glauben, dem erscheinen sie auch.«

Wenn die Libelle dein Krafttier ist, so heißt das:

- Seit deiner Kindheit bist du ein emotional intensiver und leidenschaftlicher Mensch, doch im Laufe der Zeit hast du gelernt, diese Neigung mit intellektueller Distanz und emotionaler Beherrschtheit auszugleichen.
- Du hast eine starke Verbindung zur Welt der Elemente und der Welt der Naturgeister. Es geht dir am besten, wenn du regelmäßig direkt mit Pflanzen oder im Garten arbeitest.
- Du solltest jeden Tag etwas Zeit im Freien und im Licht verbringen, sonst kannst du leicht niedergeschlagen und mürrisch werden.
- Du bist ein Meister im Aufdecken von Illusionen, deiner eigenen und der von anderen, indem du das Licht der Bewusstheit auf sie richtest.
- Du hast eine tiefe, uralte Verbindung mit göttlicher Magie und Mystizismus. Besonders liegt dir Farbmagie: die Kunst, die Wahrnehmung eines anderen Menschen mit Hilfe von Licht zu verändern.

Bitte um die Hilfe der Libelle, wenn ...

- du dich wegen eines emotionalen Traumas verschlossen hast und du deine Gefühle wieder zum Ausdruck bringen möchtest.
- dein Leben stagniert und du weißt, es ist Zeit, etwas zu verändern, aber du weißt nicht, wie du es anfangen sollst.
- eine Situation oder Beziehung durch Illusionen und Falschheit verschleiert wurde und du klar erkennen möchtest, was los ist.
- deine Aufmerksamkeit auf so viele Aktivitäten und Projekte verteilt ist, dass du dich zerrissen fühlst und du diesbezüglich mit deiner Zeit und Energie ausgeglichener haushalten musst.

Zugang zu der Kraft der Libelle

- Erstelle eine Liste all der Dinge, die du in deinem Leben verändern möchtest. Wähle die drei wichtigsten aus und entwickle eine Strategie, wie du diese Veränderungen durchführen willst. Verpflichte dich innerlich zu dieser Strategie und setze sie dann um.
- Verbringe eine Woche lang jeden Tag mindestens eine halbe Stunde im Freien, bade im Licht und beachte, wie du dich dabei fühlst.
- Wähle einen Tag, an dem du die leuchtendsten Farben trägst die du finden kannst, selbst wenn das bedeutet, dass du dir etwas borgen oder kaufen musst.
- Spiele mit Prismen. Beobachte, wie sie das Licht brechen, achte auf die Farbsequenz und wie eine Farbe in die andere übergeht.

Löwe

Qualität: Würde

Die Botschaft des Löwen

»Mein Wesen strahlt Würde, Göttlichkeit und Adel aus. Man fürchtet nicht so sehr mein Brüllen – allein meine Anwesenheit löst Respekt und Ehrerbietung aus. Ich sehe das weder mit falscher Bescheidenheit – ich entschuldige mich nicht dafür – noch empfinde ich Stolz. Das habe ich nicht nötig. Ich bin einfach sehr klar. Wenn du brüllen musst, um den Weg für deine Selbstakzeptanz frei zu machen, halte dich nicht zurück. Wenn du es getan hast, lausche auf dein Herz. Es singt von deinem Lebenssinn, auch wenn er sich im Laufe der Zeit verändern mag. Dort findest du den Mut, zu sein, wer du bist, nicht in deinem Denken und nicht in der äußeren Welt, sondern im Zentrum deines Körpers und Wesens. Das Leben wird dich unterstützen, solange du deinem Herzen folgst und es ehrst. In Wahrheit gibt es keinen anderen Weg.

Du magst zwar von Äußerlichkeiten wie den Meinungen der anderen über dich manchmal in Versuchung geführt werden, doch setze dich in die Savanne deines persönlichen Heiligtums und höre einfach zu. Lausche mit deinem ganzen Sein. Lass dich ein auf das Wissen, das in deinen Knochen und deiner Seele sitzt, es wird dir im Leben weiterhelfen. Sobald du den Ruf vernimmst, setze dich ohne zu zögern in Bewegung.

Wisse, dass du geschützt bist. Nichts kann dir schaden, solange du zuhörst und aus deiner kostbarsten Quelle heraus handelst, dem Herzen deines Herzens.«

Wenn der Löwe dein Krafttier ist, so heißt das:

- Du hast eine stattliche Haltung. Mit deiner Präsenz und deiner Würde ziehst du die Aufmerksamkeit aller auf dich.
- Du kannst sehr mitfühlend sein, doch wenn du verärgert bist – was nicht so leicht geschieht – weicht jeder vor deinem Brüllen zurück.
- Du bist sehr mutig und verfügst über große körperliche und emotionale Kraft. Du bist ein Führungstalent und kannst gut organisieren. Man bittet dich oft bei Aufgaben um Hilfe, die solche Fähigkeiten erfordern.
- Du arbeitest besser in einer Gruppe oder Gemeinschaft als allein. Man bittet dich oft, in Gruppen eine aktive Rolle zu übernehmen.
- Du genießt es, Risiken einzugehen und dich in Situationen zu begeben, die deine Fähigkeiten herausfordern und dein Wissen erweitern.

Bitte um die Hilfe des Löwen, wenn ...

- du dich durch schwierige Umstände in die Ecke gedrängt fühlst und mehr Kraft brauchst, diesen Herausforderungen standzuhalten.
- deine Würde und Integrität angegriffen wurden und du Selbstrespekt und deine Fassung wiedergewinnen willst.
- dich deine Familie, Gruppe oder Gemeinde bittet, eine Führungsposition zu übernehmen.
- du eine Aufgabe übernommen hast, die deine Fähigkeiten zu übersteigen scheint, doch innerlich weißt du, dass du es schaffen kannst, auch wenn es einige Mühe erfordern wird.

Zugang zur Kraft des Löwen

- Hebe beim Gehen dein Kinn etwas empor und richte den Kopf auf. Damit streckt sich deine Wirbelsäule und du fühlst dich größer und würdevoller.
- Brülle! Ja, probiere aus, wie es sich anfühlt. Vielleicht versuchst du es erst einmal etwas leiser, vielleicht traust du dich gleich, mit voller Lautstärke loszulegen. Achte darauf, wie es sich in deinem Herzen und in deinem Bauch anfühlt.
- Schließe die Augen und stell dir vor, du seiest ein König oder eine Königin. Atme langsam und tief. Vielleicht kannst du in deinem Körper jenes Gefühl des Adels, der Würde und der Verbindung zum Göttlichen spüren.
- Falls es jemanden in deiner Nähe gibt, dem gegenüber du deine Gefühle nicht zugibst, bringe sie liebevoll und bestimmt zum Ausdruck, ohne dich vor seiner Reaktion zu fürchten.

Luchs

Qualität: Geheimnisse und Vertraulichkeiten

Die Botschaft des Luchses

»Viele lassen sich täuschen und glauben, dass wir einfach nur Wesen sind, die in eine Ansammlung von Materie eingeschlossen sind, die wir Körper nennen. Solche Illusionen sind manchmal nötig, um mit der Intensität umzugehen, die das Leben in der heutigen Welt für viele Menschen mit sich bringt. Ich bitte dich jedoch, über das hinaus zu gehen, was deine Augen normalerweise sehen können, und näher hinzuhören, als du je hingehört hast. Finde ein ruhiges Fleckchen und lege dich an einem warmen Sommertag auf die Erde. Lausche auf ihren Herzschlag. Spüre ihren Atem. Vielleicht kannst du sogar einen tiefen Ton vernehmen oder ein leises, regelmäßiges Rumpeln. Dann lass deinen Geist in den Kosmos schweifen, in die Sterne, die Sonne, den Himmel. Achte dabei besonders auf das Nicht-Offensichtliche. Bemerke, was normalerweise unbemerkt bleibt, vor allem in dieser glitzernden, lärmenden Welt.

Geh in die Stille. Geh wirklich hinein, nicht als Übung, sondern um zu dem zu gelangen, was noch größer ist als die Stille, was als Kanal zum Großen Geheimnis dient. Es ist schon weit über die Zeit, dass Menschen dies tun sollten, aber ich bitte dich nicht nur um der Menschen willen darum. Es geht um all unsere Brüder und Schwestern, um all unsere Kinder und Kindeskinder. Geh so oft wie möglich in die Stille und bringe das, was du dort findest, in alles, was du tust. In der Stille gibt es ein tiefes Mitgefühl, das mitten im Lärm der Zivilisation nicht entdeckt werden kann. Wisse, dass du in dieser gesegneten Stille die wahre Quelle von allem finden kannst. Versuche nicht, sie zu finden – lass dich von ihr finden. Lass sie dich kennen lernen.«

Wenn der Luchs dein Krafttier ist, so heißt das:

- Du bist sehr begabt dafür, in anderen jene Seiten zu sehen, die sie entweder verbergen oder selbst nicht kennen. Dazu gehören Ängste, Falschheiten, Geheimnisse und ungenutzte Begabungen.
- Du bist kein Mensch vieler Worte. Du liebst die Einsamkeit und Dinge allein zu unternehmen, fühlst dich jedoch in Gesellschaft ebenso entspannt und selbstbewusst. Du hörst gut zu und beobachtest andere genau.
- Du giltst als vertrauenswürdig und bist sehr gut darin, Geheimnisse für dich zu behalten und Klatsch zu vermeiden. Viele Menschen vertrauen dir Dinge an, die noch nicht einmal ihre besten Freunde wissen.
- Du hast ein sehr gutes Verständnis für alte Mysterien und göttliche Magie. Es scheint, als wärest du mit diesem Wissen geboren.

Bitte um die Hilfe des Luchses, wenn ...

- du mit jemandem privat oder geschäftlich zu tun hast und dein Bauch dir rät, bei diesem Menschen vorsichtig zu sein, auch wenn du nicht weißt, warum.
- du bemerkst, dass du zu viel geredet und zu wenig zugehört hast.
- jemand dir etwas sehr Persönliches anvertraut hat und du es vertraulich behandeln sollst.
- du vor kurzem etwas über die Mysterienschulen oder alte

mystische Texte erfahren hast und sie gerne tiefer erkunden willst.

Zugang zur Kraft des Luchses

- Wenn du in Gesellschaft bist, lehne dich ab und zu zurück und beobachte, wie sich die anderen verhalten und was sie sagen. Achte dabei auf Bilder und Eindrücke, die dem, den du beobachtest, vermutlich nicht bewusst sind.
- Nimm dir einen Tag lang Zeit, in Stille zu sein und nur zu sprechen, wenn es unbedingt nötig ist.
- Lege im Zusammensein mit anderen Menschen einen Schwerpunkt darauf, dich wirklich für ihre Geschichten, Ideen oder Gefühle zu interessieren und nicht über dich selbst zu reden.
- Befasse dich mit alten mystischen Lehren, zum Beispiel den gnostischen Evangelien, der Kabbala oder dem Sufismus.

Opossum

Qualität: Strategie

Die Botschaft des Opossums

»Dieses ganze Gerede darüber, dass ich so tue, als wäre ich tot, ist Geschwätz! Tatsächlich bin ich einfach sehr schreckhaft und ängstlich, auch wenn ich vielleicht nicht so wirke, während ich da platt auf dem Boden liege. Wann immer mich etwas bedroht, überwältigt mich die Angst derart, dass ich erstarre und umfalle. Da hat mir der Schöpfer eine ganz nützliche Gabe verliehen, meinst du nicht auch? Ich rieche dann sogar tot, sodass ich für niemanden interessant bin. Natürlich habe ich diese Begabung weiterentwickelt und bin ziemlich gut darin geworden. Vielleicht habe ich es wirklich etwas zu weit getrieben, aber es funktioniert.

Du selbst brauchst nicht gleich tot zu spielen, du kannst auch andere Tricks anwenden, wenn du dich bedroht fühlst. Du kannst so tun, als wärest du müde, du kannst eine Ausrede erfinden, die dir erlaubt, zu verschwinden, du kannst so tun, als wäre dir übel, du kannst behaupten, mutig zu sein, obwohl du vor Angst zitterst und du kannst vorgeben, ängstlich zu sein, obwohl du es gar nicht bist. All das sind Möglichkeiten, um dich aus einer unangenehmen Situation zu befreien. Dabei muss es auch nicht gleich um Leben und Tod gehen. Achte nur darauf, dass du dich nicht selbst belügst. Wenn du diese Strategie gut beherrschst, kannst du als netten Nebeneffekt auch nach und nach die Fassaden der anderen besser durchschauen, ohne das Bedürfnis zu haben, sie bloßzustellen.«

Wenn das Opossum dein Krafttier ist, so heißt das:

- Du bist sehr gut darin, einen bestimmten Anschein zu erwecken und gleichzeitig sehr wohl zu wissen, wer du hinter der für die Situation erforderlichen Maske wirklich bist.
- Du kannst die Masken und Täuschungen der anderen durchschauen, aber du akzeptierst sie, wie sie sind, und gehst entsprechend mit ihnen um.
- Du hast ein Talent zur Schauspielerei, egal ob du daraus einen Beruf machst oder ein Hobby oder deine Begabung nur im Privatleben nützt.
- Du kannst leicht so tun, als wärst du in beängstigenden Situationen furchtlos, oder du gehst gleichmütig mit Konflikten um, wenn dies die beste Strategie ist.

Bitte um die Hilfe des Opossums, wenn ...

- du dich in einer Zwickmühle oder in einer misslichen Lage befindest und nicht weißt, wie du elegant herauskommen kannst.
- du aus Gewohnheit immer wieder Strategien anwendest, die dir schaden, zum Beispiel die Opferrolle zu übernehmen, dich unfähig zu fühlen, oder dich als den Ärmsten hinzustellen, und dich damit hinderst, dein Potential und die Bestimmung deiner Seele zu verwirklichen.
- die Situation, in der du dich befindest, erfordert, dass du das Gegenteil von dem zeigst, was du empfindest, zum Beispiel wenn du in einer gefährlichen Situation die Führungsrolle übernommen hast und furchtlos handeln musst oder wenn du bei einem Streit meinst, Recht zu haben, aber um der Harmonie willen so tun musst, als wäre deine Ansicht falsch.

- du vor einer komplexen Situation stehst, in der du eine Strategie brauchst, um gut mit ihr umgehen zu können.

Zugang zur Kraft des Opossums

- Befasse dich mit Tai Chi oder Aikido oder irgendeiner Kampfkunst, in der du lernst, dich durch Widerstandslosigkeit zu schützen.
- Nimm an einer Theatergruppe teil. Vielleicht kannst du auch für eine Rolle an deinem örtlichen Theater vorsprechen.
- Finde einen Ort im Freien, wo du dich hinlegen und ein paar Minuten lang tot spielen kannst.
- Finde heraus und notiere, welche körperlichen, intellektuellen, psychologischen und spirituellen Strategien du einsetzt, um dich aus unangenehmen oder gefährlichen Situationen zu befreien.

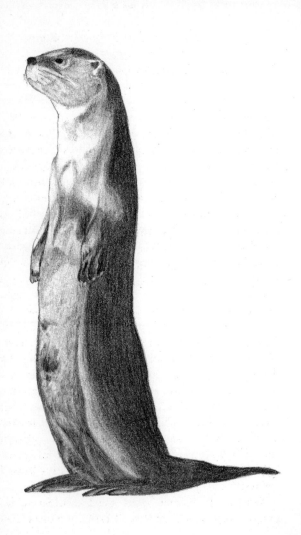

Otter

Qualität: Das innere Weibliche

Die Botschaft des Otters

»Ich bin lang, schlank, beweglich, anmutig, sinnlich, liebe-voll, fürsorglich, praktisch ohne Feinde. Und du dachtest, ich sei einfach nur ein komisches, kleines Tierchen? Meine Bestimmung ist, überall wo ich bin, Freude, Liebe und Spaß am Spiel zu verbreiten und all das zu empfangen, was Mutter Natur in ihrer Herrlichkeit mir, meiner Familie und mei-nen Freunden anbietet. Ich sorge mich nicht und versuche nicht, das Leben zu kontrollieren. Es geht auch nicht darum loszulassen, denn es gibt eigentlich nichts loszulassen, da es ohnehin eine Illusion ist, dass du irgendetwas unter Kontrolle hättest. Ich möchte dich gerne trösten und dir geben, was du brauchst. Wenn du mich rufst, werde ich mein Bestes tun, um dir ein liebevoller und hilfreicher Begleiter zu sein.

Damit das funktioniert, braucht es noch etwas Weiteres: Du musst dich auch an die Göttin in jedem von uns wenden, egal ob du ein Mann oder eine Frau bist. Ich möchte dich darüber hinaus daran erinnern, dass du nichts tun musst, was du nicht tun willst. Es gibt immer eine Wahlmöglichkeit, wie auch immer deine Situation aussehen mag. Wenn du nicht daran glaubst, dann geh hinaus und spaziere eine Weile durch die Wälder oder spiele mit Freunden. Erst hinterher wirst du merken, dass du dir während des Spazierganges oder Spielens keine Sorgen gemacht hast und nichts kontrollieren wolltest.

Wieder gilt: Es gibt nichts loszulassen. Sei einfach still und lass diese Stille aus deinem Wesen ausstrahlen. Lass dann dein Wesen bestimmen, was du tun willst, und nicht deinen lächerlichen Verstand, der sich für ach so klug hält.«

Wenn der Otter dein Krafttier ist, so heißt das:

- Du bist sehr neugierig, freundlich und bist gerne mit anderen Menschen zusammen. Du gehst davon aus, dass auch andere freundlich und dir wohlgesonnen sind – es sei denn, sie beweisen das Gegenteil.
- Du bist sehr aktiv, abenteuerlustig, immer in Bewegung und findest es schwer, lange Zeit still zu sitzen.
- Du hast eine sehr ausgeglichene, positive weibliche Energie (egal ob du ein Mann oder eine Frau bist). Das zeigt sich in einer vorurteilsfreien Offenheit gegenüber anderen, deiner großzügigen Unterstützung und deiner Freude an den Errungenschaften anderer. Wo immer du hingehst, verbreitest du Liebe und Freude.

Bitte um die Hilfe des Otters, wenn ...

- du dir angewöhnt hast, dir Sorgen zu machen und dir immer Katastrophen auszumalen.
- du lethargisch geworden bist, zuviel in geschlossenen Räumen lebst und das Leben einfach viel zu Ernst nimmst.
- du dich zerrissen und zerstreut fühlst, ständig von Idee zu Idee springst, ohne dich auf eine Sache konzentrieren zu können.
- dir das Universum kraftvolle Botschaften zukommen lässt, deren Wert du zwar erkennst, die du jedoch trotzdem blockierst oder verleugnest.

Zugang zur Kraft des Otters

- Stelle dich im Freien bequem aufrecht hin. Strecke deine Arme seitlich nach oben, mit den Handflächen nach oben und wiederhole mehrmals innerlich oder laut: »Ich empfange jetzt alle guten Dinge des Lebens.«
- Finde eine schöpferische Tätigkeit, der du nachgehen kannst, vielleicht etwas, was dir schon seit einer Weile im Kopf herumgeht. Tue es mit Freude und aus Spaß am Tun, ohne dir darüber Gedanken zu machen, ob du gut darin bist.
- Verbringe etwas Zeit mit Kindern oder geh mit deinem Inneren Kind zum Spielplatz und spiele dort einfach, ohne dich darum zu kümmern, was andere denken könnten.
- Wenn du eine Frau bist, verbringe etwas Zeit unter Frauen, in der ihr euch austauschen könnt. Wenn du ein Mann bist, achte besonders darauf, gut zuzuhören, was andere Menschen dir erzählen, vor allem deine Partnerin.

Panther

(Leopard / Jaguar)

Qualität: Leidenschaft

Die Botschaft des Panthers

»Ja, ich bin ein großer Jäger. Ich verfolge meine Beute mit größter Ausdauer und größtem Zartgefühl. Selbst im Augenblick des Zuschlagens bin ich voller Wertschätzung, dass die Seele dieses Wesens, das sich hingeben hat, damit einverstanden ist. Es ist eine Entscheidung aus Liebe, nicht aus Angst, wie ihr meint. Diese Liebe bezieht sich nicht nur auf mich und meine Familie, sondern sie ermöglicht es allem Lebendigen, sich in dem großen Kreislauf von Tod und Wiedergeburt weiterzuentwickeln. Für dich geht es darum, jene Teile deines Egos und deines Bewusstseins aufzuspüren, die geschwächt sind, veraltet, instabil und für die Gesamtheit deines Wesens nicht mehr nützlich. Indem du diese Aspekte in das Licht deiner Aufmerksamkeit holst, sorgst du dafür, dass etwas in dir neu geboren werden kann, was deinem Wachstum dient. So gibst du deiner Seele Raum und Unterstützung, um ihre Bestimmung zu erfüllen.

Die Jagd dauert nur kurze Zeit, denn dir stehen immer viele Ressourcen zur Verfügung, um deinen Körper und deine Seele zu nähren. Zwischen den kurzen Perioden, in denen du dich um die Befriedigung deiner grundlegenden Bedürfnisse kümmern musst, steht dir viel Zeit zur Verfügung, um dich deinen irdischen und sinnlichen Leidenschaften hinzugeben – Leidenschaften, die deine Seele entflammen. Dabei geht es nicht nur um Sexualität, sondern auch um das leidenschaftliche Auskosten des Gefühls der warmen Brise auf deiner Haut, der Schönheit des Sonnenaufgangs, der Lieder deiner Kinder, des regelmäßigen Schlagens deines Herzens oder des Duftes der Haut deines Liebsten. Es ist ein Fehler, Leidenschaft nur auf Sexualität zu beziehen. Lass lieber jeden Atemzug, jede Bewegung von Leidenschaft durchdrungen sein. Lass die Leidenschaft durch dich leben und zum Ausdruck kommen, als du selbst.«

Wenn der Panther dein Krafttier ist, so heißt das:

- Du arbeitest am besten unter Druck, doch du kannst ein Gleichgewicht herstellen, weil du dir immer wieder Zeit zum Ausruhen und Spielen nimmst.
- Sobald du ein Ziel oder einen Traum hast, arbeitest du still und zielstrebig auf die Verwirklichung hin, denn du weißt, dass zu viel Gerede deine Motivation schwächt und die Manifestation gefährden kann.
- Du bist sehr taktil und sinnlich. Du kommunizierst oft durch Berührung, doch du bist so empfindlich, dass die falsche Art von Berührung dich reizen kann. Angenehme Berührungen können dich dagegen beleben und energetisieren.
- Du hast das angeborene Talent einer außergewöhnlichen Einsicht, einem inneren Wissen. Dadurch hast du dich Zeit deines Lebens anders als andere gefühlt.

Bitte um die Hilfe des Panthers, wenn ...

- du dich fürchtest oder bedroht fühlst und einen starken Schutz brauchst.
- du eine Zeit des Leidens oder gar einen metaphorischen Tod durchgemacht hast und dir Unterstützung dabei

wünschst, mit einer Wiedergeburt diesen Zyklus zu vollenden und wieder in deine Kraft zu kommen.

- du verwundet wurdest, sei es körperlich oder emotional, und Hilfe bei der Heilung brauchst.

- du mit einem Aspekt deines Lebens oder deines Charakters konfrontiert wirst, den du verdrängt, vermieden oder im Schatten gelassen hast, weil er dir unangenehm war. Jetzt allerdings bist du bereit, dich mit diesem Aspekt auseinanderzusetzen, egal welche Konsequenzen das haben könnte

Zugang zur Kraft des Panthers

- Verbringe etwas Zeit mit deinem Liebespartner, in der ihr miteinander allein seid, euch berühren und miteinander zärtlich sein könnt. Genieße die Sinnlichkeit der Erfahrung, ohne dass sie unbedingt zum Geschlechtsverkehr führen muss.

- Schreibe in dein Tagebuch oder auf ein Blatt Papier den Satz: »Ich bin jetzt bereit, ... loszulassen« und liste dann all die Situationen, Menschen und Aspekte deines eigenen Charakters auf, die du bereit bist, jetzt gehen zu lassen.

- Geh auf die Pirsch. Geh barfuß, langsam und so lautlos wie möglich über die Erde. Richte die Füße dabei ein wenig nach innen, sodass die Außenkante der Fußsohle als Erstes den Boden berührt.

- Achte im Laufe des Tages genau auf die Empfindungen in deinem Solarplexus (dem dritten Chakra), dem Sitz deines Bauchgefühls. Bemerke, wann sich dieser Bereich deines Körpers anspannt und welche Gedanken oder Umstände dies ausgelöst haben.

Pferd

Qualität: Freiheit

Die Botschaft des Pferdes

»Als wir uns auf die Partnerschaft und Freundschaft mit den Menschen einließen, wurden für euch die Entfernungen kürzer. Das Land, das sich vorher so weit erstreckte, schien zu schrumpfen und der unerreichbar erscheinende Horizont war nur einen Tagesritt entfernt. Gemeinsam sind wir stark! Wirklich stark! Wir wollen diese Freundschaft mit euch in all ihren Formen auch fortsetzen, aber bitte lasst diese Beziehung auf Liebe beruhen. Viele von uns waren bereit, ihr tief verwurzeltes Bedürfnis nach Freiheit aufzugeben, um euch als Freund und Helfer zur Verfügung zu stehen. Wir bitten euch nur, uns freundlich zu behandeln und uns manchmal frei rennen zu lassen wie unsere Brüder und Schwestern, die sich nicht auf diesen Kompromiss eingelassen haben.

Wisse, dass auch deine Freiheit nichts ist, was selbstverständlich ist oder was du dir verdienen kannst, und es geht hier auch nicht nur um körperliche Freiheit. Freiheit ist ein Zustand des Herzens und der Seele, die Freiheit von kulturellen und sozialen Prägungen, die dich davon abhalten, dich selbst zum Ausdruck zu bringen, zu sein, wer du wirklich bist. Kein Trauma wiegt so schwer wie das Trauma der Selbstverleugnung und Selbstunterdrückung. Es schnürt den Atem ein, schmerzt das Herz und lässt die Seele dahinwelken.

Entwickle zuerst Mitgefühl für dich selbst und dann für andere, vor allem für jene, die dich aufregen oder zusammenzucken lassen, die du in einem fehlgeleiteten Versuch, dich zu schützen, verurteilst. Wenn du herzliches Mitgefühl ausstrahlst, wird es zehnfach zu dir zurückkommen. *Lass das* die Quelle deiner Freiheit und deiner Kraft sein. Wenn wir zusammen reiten, sei es im Geiste oder im Körper, dann verschmelzen wir zu *einem* Wesen. Spüre, wie der Wind durch deine Haare streicht, spüre die anmutige, rhythmische Bewegung und die sich ständig verändernde Szenerie um uns herum, während wir gemeinsam durch dieses Abenteuer namens Leben streifen.«

Wenn das Pferd dein Krafttier ist, so heißt das:

- Du schätzt deine Autonomie und deine Freiheit über alles und bist bereit, alles Nötige zu unternehmen, um sie aufrechtzuerhalten.
- Du reist gerne in andere Bewusstseinsdimensionen und Wirklichkeiten, doch du bist gleichzeitig sehr gut in der Lage, mit der physischen Welt umzugehen.
- Du fühlst dich zu schamanischer oder anderer metaphysischer Arbeit hingezogen. Du könntest auch als Medium arbeiten.
- Du bist freundlich und abenteuerlustig. Du fühlst dich in Gemeinschaft mit anderen sehr wohl, doch du kannst ungeduldig mit ihnen werden, wenn du das Gefühl hast, dass sie dir die Luft zum Atmen nehmen.
- Du liebst es, Dinge zu erforschen, sei es, indem du durch Einkaufspassagen bummelst oder indem du Wälder durchstreifst.

Bitte um die Hilfe des Pferdes, wenn ...

- du dich durch äußere Umstände oder durch Denkgewohnheiten eingeschränkt fühlst.
- du dich danach sehnst, zu reisen, aber dich nicht traust.
- dein Energieniveau niedrig ist und du vor einer Situation stehst, die Kraft und Ausdauer verlangt, oder wenn du viele Aufgaben innerhalb kürzester Zeit erledigen sollst.
- du den inneren Antrieb verspürst, schamanisch oder metaphysisch zu arbeiten, aber dir nicht sicher bist, wie du das umsetzen sollst.

Zugang zur Kraft des Pferdes

- Verbringe etwas Zeit in der Nähe von Pferden. Es ist meistens nicht schwer, sie irgendwo zu finden. Beobachte sie und achte auf ihr Verhalten und alles, was dir intuitiv in den Sinn kommt.
- Lege eine sanfte Musik auf und meditiere auf das weiße Pferd, das in vielen Kulturen Weisheit und Kraft repräsentiert. Achte auf deine Empfindungen und was das weiße Pferd für dich selbst bedeutet.
- Reise zu Fuß oder mit einem Fahrzeug irgendwohin, ohne ein bestimmtes Ziel zu haben.
- Trabe, galoppiere und wiehere, sei es im Freien oder in deinem Wohnzimmer. Achte darauf, welche Gefühle das in dir auslöst.

Puma

(Berglöwe)

Qualität: Führungskraft

Die Botschaft des Pumas

»Wenn ich jage und töte, erfülle ich lediglich meine Aufgabe gemäß den Gesetzen der Natur. Ich nehme nur so viel, wie ich und meine Familie zum Überleben brauchen, nicht mehr und nicht weniger. Ich bin da sehr ökonomisch. Sobald ich meine Beute oder mein Ziel klar im Blick habe, gehe ich die Sache sehr direkt an. Ich tue es im Einklang mit der Gnade Gottes, schnell und effizient.

Auch du solltest deine Ziele klar und präzise formulieren – schreibe sie auf, wenn nötig – und dann gestalte dein Leben diesen Zielen entsprechend. Du brauchst nicht mehr auszuweichen, zu zögern und zu zaudern. Vielleicht erntest du mit deinem zielgerichteten Vorgehen die Missbilligung oder gar die Ablehnung der anderen. Lass dich davon nicht aus dem Konzept bringen. Wenn ich mitten im Sprung darüber nachdenken würde, ob ich meine Beute eigentlich wirklich will oder nicht, wäre ich in großen Schwierigkeiten.

Geh mutig und vertrauensvoll vorwärts, halte dein Ziel im Auge und du kannst nicht irren. Tue es mit offenem Herzen und deiner ganzen Liebe – lass dich von keinen Urteilen und keinen Ängsten aufhalten.«

Wenn der Puma dein Krafttier ist, so heißt das:

- Du neigst dazu, die Verantwortung zu übernehmen, wenn es niemand anderes tut oder kann. Das führt manchmal dazu, dass andere dich kritisieren, anklagen oder ablehnen.
- Du entscheidest dich schnell und klar und schaust dann nicht mehr zurück.
- Du kannst deine persönliche Kraft und Stärke mit Anmut und klarer Absicht ausgleichen, vor allem wenn du deine natürliche Führungsqualität zum Besten aller Beteiligten einsetzt.
- Es gibt einen Teil in dir, der wild, ungezähmt und urtümlich ist, auch wenn du eine recht angepasste Person zu sein scheinst. Es gilt, diesen wilden Teil anzuerkennen und ihm einen gewissen Freiraum zu lassen, z. B. indem du regelmäßig Zeit in der Wildnis verbringst.
- Du bist sehr empfindsam und reagierst auf die Ablehnung oder Missbilligung anderer manchmal sehr aggressiv, wofür du dich dann später wieder entschuldigen musst.

Bitte um die Hilfe des Pumas, wenn …

- du vor einer Situation stehst, in der du dich anderen gegenüber durchsetzen musst, insbesondere wenn sie von dir verlangen, deinen Kurs zu ändern.
- dir überraschenderweise eine Führungsposition übertragen wurde, für die du noch nicht bereit bist und vor der du Angst hast.
- du dich von den Aufgaben, die vor dir liegen, überfordert fühlst und nicht weißt, wie du es schaffen kannst.

- du aufgefordert wirst, einen Vortrag zu halten, und dein Selbstvertrauen aufbauen willst, vor allem wenn du wenig Erfahrung darin hast, vor Publikum zu sprechen.

Zugang zur Kraft des Pumas

- Knurre! Versuche, wenn du allein bist, auf diese Weise verschiedene Gefühle zum Ausdruck zu bringen. Spüre dabei die Kraft in deinem Bauch.
- Bewege dich zuhause oder im Freien wie ein Puma, schleichend, langsam und überlegt. Tu so, als würdest du dich an eine Beute heranpirschen.
- Finde einen ruhigen Ort, setze dich bequem hin und achte auf die Gerüche und Klänge um dich herum, ohne sie zu benennen oder zu kategorisieren.
- Nimm an einem Kurs über Führungsqualitäten oder Kommunikation teil.

Rabe

(gilt auch für Krähe)

Qualität: Magie

Die Botschaft des Raben

»Entspanne deinen Körper! Es gibt nichts, wovor du dich fürchten müsstest, jetzt, wo ich da bin. Ich bin zurückgekehrt aus dem Reich des Dunklen und Geheimnisvollen, dem ewigen Unterbewussten, dem Großen Unbekannten, aus dem alle Schöpfung hervorgeht. Ich rufe dich auf, gut auf das zu achten, was im Moment in deinem Leben vor sich geht. Genau in diesem Augenblick! Pass gut auf. Dies ist eine besonders bedeutsame Zeit für dich, in der alles zusammenkommt, was du bisher gelernt hast. Vertraue jetzt dem, was du weißt. Keine Ausreden mehr, keine Arroganz. Wisse um deine Stärken und deine Grenzen, aber lass dich davon nicht einschränken. Du bist ein Magier. Ein Zauberer. Du bist fähig, zwischen dem Schattenreich des Ursprungs der Schöpfung und diesem Reich des Lichtes und der Materie hin und her zu wandern. Du fühlst dich in beiden Welten zuhause – und auch in den Zwischenreichen. Das ist die Essenz der Magie: all diese Welten leicht und anmutig durchreisen zu können und Lehren und Heilung aus der Dunkelheit in diese Welt zu bringen. Doch nur wenn diese Magie in Liebe und Demut vollführt wird, kann man die Macht und die Intensität dessen überleben, womit man in der großen Leere in Kontakt kommt. Ich will dir helfen, aus der Dunkelheit mit gefüllten Flügeln und starkem Ruf herauszukommen.«

Wenn der Rabe dein Krafttier ist, so heißt das:

- Du bist sehr sozial, lebendig und etwas launisch, doch du gehst das Leben immer wieder flexibel an und stellst dich leicht auf neue Umstände ein.
- Durch tiefe Meditationen und klare Absicht weißt du, wie du mit den fruchtbaren, schöpferischen Energien der Leere arbeiten kannst, um das, was du brauchst, in die materielle Welt zu bringen.
- Während du älter und reifer wirst, wächst dein Wissen um erweiterte Bewusstseinszustände. Die Reiche jenseits des Schleiers werden dir immer zugänglicher.
- Du bist tiernärrisch, du liebst sie alle, von den Kleinsten bis zu den Größten, und du hast das Talent, mit ihnen zu kommunizieren.
- Du bist äußerst selbstbewusst und lässt dich kaum einschüchtern, doch innerlich bist du sehr vorsichtig und wachsam, vor allem jenen gegenüber, die sich aggressiv gebärden. Du scheinst immer zu wissen, was zu tun ist, und handelst rasch und entschieden.

Bitte um die Hilfe des Raben, wenn ...

- du eine besonders traumatische Kindheit hattest und bereit bist, dir die Unschuld und Freude wieder zu holen, die du damals verloren hast.
- du den Kontakt zu dem Zauber des Lebens verloren hast und lernen willst, ihn wieder zu finden.
- du emotionale oder körperliche Heilung brauchst und schon alles versucht hast und jetzt bereit bist, deine Heilung durch regelmäßige Gebete und den Glauben an göttliches Eingreifen und Wunder zu unterstützen.

• einer deiner Lieben der Heilung bedarf, aber weit von dir entfernt wohnt. Der Rabe kann deine Gebete und die Energien von Heilungszeremonien, die du für diese Person durchführst, auch über weite Entfernungen überbringen.

Zugang zur Kraft des Raben

• Organisiere einen Heilkreis, der dazu dient, Gebete und Heilung zu allen zu senden, die diese Art der spirituellen Unterstützung brauchen.
• Verbringe einige Zeit in der Dunkelheit (auf sichere Weise) und lass dich von ihr einhüllen, während du atmest und alle Ängste, die möglicherweise auftauchen, durch deinen Körper nach unten in die Erde fließen lässt.
• Schreibe ein Gedicht oder einen kurzen Text über all das, was dir zu diesem Tiergeist einfällt. Beschreibe dabei besonders, was du an ihm bewunderst.
• Lerne den Ruf der Raben oder Krähen, indem du dich früh am Morgen in ihre Nähe setzt und ihre Variationen und Gemeinsamkeiten belauschst. Übe jeden Tag.
• Halte zur Wintersonnenwende eine Zeremonie ab, bei der du den Raben bittest, deine Gebete, Bitten und Träume von der Dunkelheit ins Licht zu tragen.

Reh[*]

Qualität: Sanftmut

Die Botschaft des Rehs

»Unterschätze niemals die Macht der Sanftmut und der Empfindsamkeit! Sie helfen dir, dich in dem Wald deines Lebens zurechtzufinden und sind Ausdruck mächtiger Instinkte, mit deren Hilfe du nicht nur überleben, sondern auch gedeihen kannst. Ich kann dir helfen, aggressive Situationen zu erkennen und auszusortieren, bevor du ihnen zu nahe kommst oder dich darin verwickelst. Ich kann dich auch zu den Elementen und Situationen führen, die dich nähren. Vertraue auf deine Instinkte, dein Bauchgefühl – und folge ihm! Es wird dir sagen, wann es zu fliehen gilt und wann du kämpfen musst. Du kannst dich auf deine Instinkte bedingungslos verlassen, du kannst die Gesamtheit des Lebens bedingungslos lieben. Du brauchst dabei nichts zu fürchten, denn dein Körper wird dich vor jeder echten Gefahr warnen. Lass dich also nicht von Fehlsignalen in die Flucht schlagen, die nur auf früheren Umerziehungen deiner natürlichen instinktiven Reaktionen beruhen.«

[*] Genaugenommen ist der amerikanische »Deer« der Weißwedelhirsch, eine Wildart, die etwas größer ist als unser Reh und etwas kleiner als unser Rothirsch. Vom Charakter her entspricht er jedoch eher dem Reh. (Anm. d. Übers.)

Wenn das Reh dein Krafttier ist, so heißt das:

- Du bist sehr empfindsam. Wenn ein anderer auch nur den leisesten Raubtiergeruch ausstrahlt, wirst du höchst wachsam, bis du festgestellt hast, ob du in der Situation sicher bist oder nicht. Und wenn du dich nicht sicher fühlst, neigst du weniger zum Kämpfen als zur Flucht, und sei es in die Wälder deines inneren Selbst.
- Du liebst das Leben in all seinen Ausdrucksformen so sehr, dass du bereitwillig Opfer bringst, um das Leben anderer zu sichern. Du hast wahrscheinlich mindestens ein bis zwei Nahtod-Erfahrungen hinter dir, aus denen du jeweils wie ein neugeborenes Rehkitz in eine neue Phase deines Lebens eingetreten bist.
- Deine Sanftmut und dein zartes Wesen sind ohnegleichen, doch vielleicht kennst du sowohl die selbstbewusste Haltung des Bocks als auch die weiche, verletzliche Kraft der Ricke.
- Du liebst den Wald und fühlst dich dort sicherer als in der Stadt. Wenn dich das Leben in der Stadt überwältigt, musst du dir unbedingt Zeit nehmen, dich in den Wäldern wieder zu erholen.

Bitte um die Hilfe des Rehs, wenn ...

- du an einem kreativen Projekt arbeitest und den Wald deiner Imagination erkunden willst. Das Reh weiß, was es im Wald finden kann, um deine Kreativität zu nähren, und was zu vermeiden gilt, was deinen Bemühungen schaden könnte.
- du dich in einer Situation befindest, die höchste Wachsamkeit erfordert und in der eine einzige falsche Bewegung großen Schaden verursachen könnte. Du

musst dich auf deine natürlichen Instinkte verlassen, um die richtigen Maßnahmen zu ergreifen.

- du gegen jemanden einen Groll hegst, den du gerne loswerden möchtest.
- du wegen eines vergangenen Vergehens Schuld- oder Schamgefühle in dir trägst und bereit bist, diese Urteile über dich selbst loszulassen.

Zugang zur Kraft des Rehs

- Verbringe etwas Zeit im Wald, geh spazieren und achte aufmerksam auf das, was du siehst, hörst und besonders riechst. Zieh deine Schuhe aus und verlasse die üblichen Pfade.
- Übe dich in Wachsamkeit. Öffne deine Augen ein paar Minuten lang etwas mehr, beobachte deine Umgebung und lausche auf alles, was du hörst.
- Geh besonders sanft mit dir selbst und anderen um und rede in einem etwas weicheren Ton als sonst. Wenn du jemanden berührst, tu es sanft. Beobachte alles Harte oder Negative in deinem Umgang mit anderen und lass es sofort los, sobald du es bemerkst. Entwickle Mitgefühl.
- Renne! Jogge, sprinte, laufe! Spüre dabei den Wind und die Freiheit.

Schildkröte

(Seeschildkröte)

Qualität: Mutter Erde

Die Botschaft der Schildkröte

»Langsamer! Du hast alle Zeit der Welt! Manchmal kommt man schneller an, wenn man langsamer geht. Erinnerst du dich an die Geschichte vom Wettrennen zwischen dem Hasen und der Schildkröte? Es ist gut, sich daran zu erinnern, wenn du von dem Drang zur Eile ergriffen wirst, der so viele von euch Menschen immer wieder befällt. Höre gut zu, vor allem den natürlichen Rhythmen deines Körpers. Achte genau auf dein Bedürfnis nach Ruhe, nach Nahrung, nach Bewegung und nach Berührung. Damit ehrst du nicht nur dich selbst und deinen Körper, sondern auch unsere Mutter Erde, da dein Körper aus ihr geboren wurde und zu ihr zurückkehren wird. Betrachte es als ein heiliges Sakrament, dies zu tun. Unsere Mutter Erde wird dir im Gegenzug Liebe, Mitgefühl und Fülle zukommen lassen. Sie ist eine großzügige Quelle, die alles in Hülle und Fülle enthält, was wir brauchen. Vertraue und wisse, dass sie immer für dich sorgen wird.

Vielleicht ist es an der Zeit für dich, dich eine Weile in die Stille zurückzuziehen. Wenn dir das sinnvoll erscheint, entscheide dich bewusst und klar dafür. Leg deine Uhr ab und weise alle Anforderungen der äußeren Welt zurück. So wie ich, die Seeschildkröte, mich mit Leichtigkeit zwischen Land und Wasser hin und her bewege, kann ich dir helfen, deine Wünsche und Träume zu manifestieren und zu verwirklichen. Zuerst musst du in das tiefe Unterbewusstsein deiner Imagination tauchen, ohne Eile und ohne Ziel. Dann schwimme zum Ufer der physischen Verwirklichung und gebäre die Inspirationen, die dir zuteil wurden, weil du langsam genug geworden bist, um sie zu empfangen! Denke daran, all diese materiellen Segnungen wurden vom Großen Geist erzeugt und von der Mutter Erde ins Leben gebracht.«

Wenn die Schildkröte dein Krafttier ist, so heißt das:

- Du bist eine alte Seele und jeder, der dir in die Augen schaut, sieht das sofort. Du hast ein tiefes Verständnis und Mitgefühl, das du gerne zum Ausdruck bringst, vor allem gegenüber denen, die dir nahe stehen.
- Du musst deinem eigenen Tempo treu bleiben. Du magst zwar etwas langsamer sein als die anderen, doch du bewegst dich mit Anmut und Elastizität und erledigst alles zu seiner Zeit. Der Versuch, dich dem Tempo der anderen anzupassen, erzeugt in dir nur Frustration und Anspannung.
- Du bist gerne bereit, den Sorgen der anderen zuzuhören, und kannst das, ohne dir ihre Last selbst aufzubürden oder von ihrer Bedürftigkeit ausgelaugt zu werden.
- Dein Vertrauen in die Großzügigkeit und Fülle des Lebens ist für andere eine Inspiration. Dir fehlt nie etwas, was du wirklich brauchst, und du weißt das.

Bitte um die Hilfe der Schildkröte, wenn ...

- du dich von deinen eigenen Schwierigkeiten überfordert fühlst oder wenn dein Leben hektisch und schnell ist und du deine Schwierigkeiten vom Buckel haben willst.
- du ein wichtiges kreatives Projekt vollenden willst und dir Sorgen machst, ob du dazu auch genug Zeit hast.

- du für eine Zeit der Welt den Rücken zuwenden willst, um in der Stille und Einsamkeit der Natur zu sein.
- du dir Sorgen um Geld machst und meinst, es würde nicht ausreichen. Du brauchst wieder die Bestätigung der Fülle des Lebens, um zu *wissen*, dass immer für dich gesorgt wird und du immer alles haben wirst, was du wirklich brauchst.

Zugang zur Kraft der Schildkröte

- Nimm dir ein oder zwei Tage Zeit für dich, tu nur das, was *du* willst, ohne Zeitplan. Vielleicht machst du etwas, was du schon lange einmal tun wolltest. Schreib in dieser Zeit Tagebuch, vor allem, wenn du Botschaften empfängst.
- Geh eine Woche lang jeden Tag ein paar Minuten langsamer als gewöhnlich. Geh nicht nur langsamer, sondern verlangsame auch deine anderen Bewegungen, zum Beispiel wenn du den Stift in die Hand nimmst. Achte darauf, dabei langsam und gleichmäßig zu atmen.
- Wenn du die Möglichkeit hast, schwimmen zu gehen, schwimm eine Weile mit langsamen, leichten Bewegungen unter Wasser. Achte darauf, wie sich das anfühlt.
- Hülle dich in eine Energieschale, indem du dir eine Kugel aus durchsichtigem, grünem Licht um dich herum vorstellst. Tu dies besonders, wenn du irgendwelche Bedrohungen wahrnimmst, seien sie physischer oder psychischer Art.

Schlange

Qualität: Auferstehung

Die Botschaft der Schlange

»Ich repräsentiere und bin die höchste Substanz des Lebens, die DNS, die all dies zum Leben erweckt. Es sind die zwei ineinander verschlungenen Schlangen, der Ausdruck der grundlegenden Dualität der Existenz, die dich mit allem anderen Lebendigen auf diesem Planeten verbindet. In manchen Kreisen habe ich einen schlechten Ruf, in anderen werde ich hoch geehrt. *Du hast nichts von mir zu befürchten.* Ich kann lehren, ich kann heilen. Und ich kann dir den Weg zu neuem Leben zeigen, wenn ein altes Leben vollendet wurde. Ich kann dir helfen, all deine Chakren zu klären und zu erwecken und von unten her mit neuer Lebenskraft zu erfüllen. Schließe deine Augen und verfolge diese Heilenergie, die vom Steißbein aus die ganze Wirbelsäule entlang aufsteigt bis zum Scheitel. Von dort aus strömt die Energie durch die innere Vorderseite deines Körpers und durchspült alle deine inneren Organe mit Heilkraft. Ich bin das Ewige und das Jetzt, das Männliche und das Weibliche, HeilerIn und Geheilte/r, Mutter und Vater, das Symbol und der Geist aller Heilung. Unterschätze meine Kraft niemals und fürchte sie niemals!«

Wenn die Schlange dein Krafttier ist, so heißt das:

- Du fühlst dich in allen esoterischen und metaphysischen Themen zuhause und bist fasziniert von den spirituellen Praktiken alter Kulturen und Naturvölker.

- Du bist ein Heiler. Dein Fokus kann dabei auf der körperlichen, emotionalen, mentalen oder spirituellen Heilung liegen. Es spielt dabei auch keine Rolle, ob du deine Heilkraft auf Menschen, Tiere oder Pflanzen richtest.
- Deine Heilkraft ist aus einer Reihe von Einweihungen entstanden, seien sie metaphorischer Art oder tatsächliche Nahtoderlebnisse. Jede dieser Erfahrungen hat dir ein tieferes Verständnis, größere Weisheit und stärkere Heilkraft geschenkt.
- Du bist äußerst sensibel. Du spürst nicht nur die Ener-gien anderer Menschen durch deine Körperempfindungen, du kannst auch Gefahr riechen oder in deinem Bauch spüren. Achte auf diese Wahrnehmungen und vertraue ihnen, egal wie merkwürdig sie erscheinen mögen.

Bitte um die Hilfe der Schlange, wenn ...

- du eine große Lebenskrise oder einen großen Entwicklungsschritt durchmachst, bei dem du eine alte Identität abstreifst, damit sich eine neue bilden kann.
- du Hilfe dabei brauchst, die zerstörerischen Aspekte einer Situation oder Beziehung loszulassen, um dich klar entscheiden zu können, wie du nun weitermachen willst.
- du in dir irgendeine Art von physischer, mentaler, emotionaler oder spiritueller Vergiftung trägst, die zu einer körperlichen Krankheit führen könnte, und diese Gifte verwandeln musst.
- du dich auf ein Gebiet begibst, das kreativ, aber dir unbekannt ist und du zuerst durch einen dunklen Abschnitt musst, in dem du nicht sehen kannst, wo der Weg hinführt, und du dich vor dem fürchtest, was auf dich zukommt.

- du deine Energie und Vitalität stärken möchtest, vor allem deine sexuelle Energie.

Zugang zur Kraft der Schlange

- Setze dich auf einen Stuhl ohne Armlehnen und schließe deine Augen. Beginne, in einer wellenförmigen Bewegung langsam hin und her zu schwingen. Achte besonders darauf, wie sich deine Wirbelsäule bewegt.
- Setze dich bequem und aufrecht hin und bringe deine Aufmerksamkeit zum unteren Ende deiner Wirbelsäule. Bewege deine Aufmerksamkeit langsam deine Wirbelsäule entlang aufwärts, bis du an ihre Verbindungsstelle mit dem Schädel kommst. Verfolge die Energie weiter nach oben bis zu deinem Schädeldach und lass sie dann an der Vorderseite deines Körpers nach unten strömen, sodass dein ganzes Inneres von Heilkraft durchströmt wird.
- Schreibe zwei oder drei deiner Todes-und-Auferstehungs-Erfahrungen auf. Das sind Situationen, in denen du körperlich oder emotional schlimm verletzt wurdest und es nicht nur überlebt hast, sondern mit kraftvollen Erkenntnissen daraus hervorgegangen bist, die zu dramatischen Veränderungen in deinem Leben geführt haben.
- Viele Kulturen kennen das Bild der Schlange, die ihren eigenen Schwanz im Maul hat. Dieses *Ouroboros* genannte Symbol repräsentiert Vollendung, Vollkommenheit, Totalität und Ewigkeit. Meditiere mit diesem Symbol und notiere deine Eindrücke und Assoziationen.

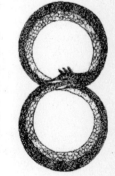

Schmetterling

Qualität: Transformation

Die Botschaft des Schmetterlings

»Jeder von uns entspringt dem Kokon der Dunkelheit und Reifung als ein anderer, als der er vorher war. Uns wachsen Flügel, und wenn wir sie ausspannen, sprengen sie die einengenden Wände des Kokons, sodass wir unsere heutige Form erhalten. In jeder Stufe dieses Transformationsprozesses bleibe ich bewusst und ganz präsent. Und das empfehle ich auch dir. Wisse, dass du sicher bist, egal ob du dich im Raupenstadium, im Kokon oder in der Phase der Ausbreitung und des Flugs in ein neues Leben befindest. Sie alle sind Teil einer natürlichen Bewegung.

Vielleicht weißt du nicht genau, was jeweils gerade vor sich geht, doch hab Vertrauen. Nach einer möglicherweise anstrengenden Zeit wird deine Seele ihren Weg durch die Dunkelheit finden. Darauf kannst du dich verlassen. Herauskommen wird die nächste Ausdrucksform deiner Selbst. Nach dieser Inkarnation wirst du andere Transformationszyklen durchleben, in diesem Leben und im nächsten, jede neue Gestalt von dir baut auf der alten auf. Vertrauen, Liebe und Absicht sind dabei deine Richtlinien. Bleibe im Vertrauen, lasse die Liebe durch dich fließen und fasse kristallklare Absichten! Du brauchst dich vor nichts zu fürchten.«

Wenn der Schmetterling dein Krafttier ist, so heißt das:

- Du empfindest eine tiefe Wertschätzung für die natürlichen Zyklen von Leben, Tod und Wiedergeburt (entsprechend den Stadien der Raupe, des Kokons und des Schmetterlings), die in dir und um dich herum stattfinden.

- Du bist ein sehr geistvolles Wesen, voller Lebendigkeit und mit einem stilvollen, farbenprächtigen Geschmack in Bezug auf Kleidung, Umgebung, Kunst, Musik und sogar Freundschaften.
- Eine harte, vergiftete Umgebung entzieht dir Lebenskraft. Du solltest in einer Umgebung mit reiner Luft und sauberem Wasser leben. Iss reichlich Rohkost und biologische Lebensmittel, um gesund zu bleiben, und suche die Gesellschaft zuverlässiger, liebevoller Menschen.
- Du bist ein Visionär. Wenn du in der Natur oder zuhause in Stille meditierst, kannst du sehen, was auf dich zukommt und was zu tun ist, um deine Vision zu verwirklichen.
- Du neigst dazu, Lebensveränderungen gelassen und freudig anzunehmen und das Kommende willkommen zu heißen. Du bist bereit, die notwendigen Veränderungen vorzunehmen, um eine günstige Gelegenheit zu nutzen, selbst wenn andere dadurch enttäuscht werden könnten oder diesen Veränderungen widerstreben.

Bitte um die Hilfe des Schmetterlings, wenn ...

- du bei der Organisation eines Projektes Hilfe brauchst, um die einzelnen Schritte zu entwickeln, die zur Vollendung des Projektes nötig sind.
- du weißt, dass es in einem Bereich deines Lebens Zeit ist, etwas zu verändern, und du Mut brauchst, um aus deinem »Kokon« hervorzubrechen.
- du dich gerade in einer großen Umbruchsphase befindest, z. B. bei einer Scheidung, beim Verlust einer Freundschaft

oder bei einem beruflichen Wechsel und dich gerne besser auf das einstellen möchtest, was auf dich zukommt.

- es dir schwer fällt, dich auf die Zyklusphase einzulassen, in der du dich gerade befindest, z. B. wenn du zu geschäftig bist in einer Zeit, in der dein Körper Ruhe braucht, oder wenn du zu träge bist, wenn du eigentlich spürst, dass Aktivität nötig wäre.
- du mehr Leichtigkeit brauchst, um die Dinge nicht so ernst zu nehmen.

Zugang zur Kraft des Schmetterlings

- Beachte, zu welchen Farben du dich hingezogen fühlst, und versuche herauszufinden, was sie für dich bedeuten.
- Wähle eine schlechte Angewohnheit aus, die du loswerden möchtest, entwickle einen Plan, wie du sie verändern kannst und setze diesen Plan dann um.
- Wenn die Witterung es zulässt, geh in den Park oder in die Natur und beobachte Schmetterlinge in ihrer natürlichen Umgebung. Achte darauf, was du gerade gedacht hast, wenn einer in dein Blickfeld flattert. Setze dich dann still hin und sinne darüber nach, was sein Besuch dir sagen wollte.
- Mach dir eine Art Kokon, indem du dich ein paar Minuten lang ganz eng in eine Decke wickelst. Dann wickle dich langsam heraus und entsteige der Enge. Vielleicht ist dieser Prozess eine Metapher für etwas, was zurzeit in deinem Leben vor sich geht.
- Tanze. Egal zu welcher Musik oder ganz ohne Musik – tanze einfach ein paar Minuten lang, allein oder mit anderen.

Schwan

Qualität: Anmut

Die Botschaft des Schwans

»Ach, du bist so schön und anmutig – ob du dir dessen bewusst bist oder nicht! Schau hin, bis du wirklich die Schönheit siehst, die der Spiegel oder das stille Wasser des Sees dir zeigt. Achte nicht nur auf deine äußere und deine innere Schönheit, sondern auch auf die Schönheit um dich herum, von der winzigsten Blume bis zur Herrlichkeit des nächtlichen Sternenhimmels. Sie ist immer da. Du brauchst nur langsamer zu werden, zu atmen und deine Augen, Ohren und dein Herz zu öffnen. Du bist kein hässliches Entlein. Und auch deine Welt ist es nicht, trotz all ihrer dunklen Schattenelemente. Es liegt an dir, ob du den magischen Tanz der Schatten und des Lichts mit all seinen Geheimnissen ohne Furcht und Vorurteil bemerkst.

Lass mich dir helfen, voll kindlicher Unschuld und Anmut durch diese Welt zu gehen; nach deinem eigenen, persönlichen Lied langsam durchs Leben zu tanzen, unabhängig davon, ob du allein gehst oder gemeinsam mit anderen. Lass mich dir helfen, mühelos durch die verschiedenen Bewusstseinszustände und Gefühle zu wechseln, die du erfährst, und dich dabei von deiner Intuition leiten zu lassen. Gib dich hin und vertraue. Es ist wirklich ganz einfach.«

Wenn der Schwan dein Krafttier ist, so heißt das:

- Du bist recht begabt darin, leicht und mühelos durch die Wasser der Veränderung zu gleiten und dich sanft durch die täglichen Rhythmen deines Lebens zu bewegen.
- Du kannst leicht zwischen verschiedenen Bewusstseinszuständen hin und her wechseln und vertraust stark auf deine Intuition, die dich auch zukünftige Ereignisse erahnen lässt.
- Wie auch immer deine äußere Erscheinung sein mag: Deine innere Schönheit ist strahlend, doch du gehst bescheiden und demütig durchs Leben.
- Du bist körperlich und spirituell sehr stark, doch deine Schönheit und Anmut kann andere dazu verführen, dich für schwach und passiv zu halten.
- Du besitzt eine bewundernswerte Fähigkeit zur leichten Konversation mit jedem, der dir begegnet. Dein Stil und deine Würde sind charmant und unwiderstehlich.

Bitte um die Hilfe des Schwans, wenn ...

- du eine starke Dosis Selbstvertrauen und sicheres Auftreten brauchst, was dir in verschiedenen sozialen und geschäftlichen Situationen hilft.
- du dich emotional oder körperlich hässlich fühlst oder unter der Hässlichkeit des Lebens leidest oder bemerkt hast, dass du dich nicht gut um dich selbst kümmerst, und dir etwas Pflege angedeihen lassen willst.
- du das Gefühl hast, dich in weltlichen Angelegenheiten verfangen und den Kontakt mit dem Mystischen und Spirituellen verloren zu haben und die Verbindung mit diesen Bereichen wieder herstellen möchtest.
- du bereit bist, deinem Seelenpartner zu begegnen. Du

musst zuerst deinen inneren Partner finden und treffen, jenen Teil von dir, der zu deinem Geschlecht und deinem Charakter komplementär passt, bevor du deinen Seelenpartner in der dreidimensionalen Wirklichkeit finden kannst.

Zugang zur Kraft des Schwans

- Schreibe auf ein Blatt Papier eine Liste all der kritischen Bemerkungen, die du gewöhnlich über dich selbst machst. Wenn du damit fertig bist, lass diese Selbsturteile los, indem du das Papier rituell verbrennst oder vergräbst.
- Lege sanfte, fließende Musik auf und bewege dich dazu langsam. Spüre die Anmut und Feinheit dieser Bewegungen.
- Nimm ein reinigendes Bad mit Kerzen und Musik und Duftölen, die dir gefallen. Während du dich im Wasser entspannst, wiederhole sanft die Affirmation: »Ich bin schön und ich liebe mich so, wie ich bin.«
- Geh ins Freie und schließe die Augen. Stell dich entspannt hin und strecke dann deine Flügel (Arme) ganz aus. Bewege sie langsam und sanft auf und ab, während du die Weite in deiner Herzgegend spürst.

Seehund

(Robbe, auch Seelöwe)

Qualität: Vorstellungskraft

Die Botschaft des Seehundes

»Ich bin ein Geschöpf des Meeres, doch liebe ich das Land gleichermaßen. Ich kann viele Tage im Meer verbringen, doch manchmal muss ich einfach an Land. Auch für dich ist es wichtig, im Meer deiner Imagination zu schwimmen, vielleicht nicht tagelang, doch gibt es keinen Grund, zu schnell wieder ans Ufer zurückzukehren. Du hast jede Menge Zeit, um das zu materialisieren, was sich in diesem fruchtbaren, fließenden Spielplatz entwickelt hat. Denke daran: Alles Leben beginnt im Meer. *Alles* Leben. Deswegen müssen wir die Gewässer mit viel Respekt und Fürsorge behandeln. Das Gleiche gilt auch für deine eigene Vorstellungskraft. Schwimme nach Herzenslust in diesem riesigen Reservoir der Schöpfungskraft und bringe dann das aufs Festland, was geboren werden will.

Kein Grund sich zu hetzen. Das machen heutzutage schon zu viele, da brauchst du nicht mitzumachen. Womit anfangen? Vielleicht mit dem Kram, den du irgendwo im Schrank oder auf dem Dachboden verstaut hast. Mit solchen Dingen kannst du deine schöpferische Seite auf neue Weise zum Ausdruck bringen. Hol sie aus dem Schrank und sei mit ihnen schöpferisch.

Lass dein Bewusstsein in die Richtung fließen, die dein Instinkt und deine Weisheit dir zeigen und nähre diese Seelenmedizin, sodass sie aus deiner Vorstellung in die Verwirklichung kommt. Lass alle deine selbst auferlegten

Beschränkungen weg und leg los! Wisse, dass du es kannst, und habe Spaß dabei. Und bitte: Sorge gut für das Wasser und die Gewässer!«

Wenn der Seehund dein Krafttier ist, so heißt das:

- Du bist sehr anpassungsfähig und hast schon etliche Situationen in deinem Leben durchgemacht, in denen viele aufgegeben hätten, doch du gingst gestärkt aus ihnen hervor.
- Du hast eine lebhafte Vorstellungskraft und brauchst unbedingt verschiedene Möglichkeiten, wie du diese Gabe zum Ausdruck bringen kannst, sonst schwindet deine Lebenskraft.
- Du kannst überall leben, in mildem und in kaltem Klima, solange du in der Nähe von Wasser bist.
- Du bist nach außen gewandt, gerne in Gesellschaft und spielst gerne mit Freunden und Familienmitgliedern. Du kannst in jedes soziale Miteinander eine heitere Note bringen.

Bitte um die Hilfe des Seehundes, wenn ...

- deine schöpferische Vorstellungskraft und deine Ausdruckskraft blockiert sind oder stagnieren und du eine starke Dosis Inspiration und Motivation brauchst.
- du eine große Lebensveränderung durchmachst, zum Beispiel eine Trennung oder Scheidung, und das Bedürfnis nach mehr Kraft und Schutz verspürst.
- du einen so starken kreativen Schub erlebst, dass du kaum noch das Gleichgewicht halten kannst und etwas mehr

Erdung brauchst, um dich besser um die alltäglichen
Dinge zu kümmern.

- du dich emotional leer oder in einem selbstzerstöreri-
schen Gefühlsaufruhr festgefahren fühlst und eine Pause
brauchst, um wieder etwas Spaß am Leben zu haben.

Zugang zur Kraft des Seehundes

- Widme einen Teil deiner Zeit oder deines Geldes einer
Organisation, die sich dem Schutz der Gewässer wid-
met.
- Führe im Laufe des nächsten Monats immer ein Notiz-
buch mit dir und schreibe immer etwas hinein, wenn
dir danach ist. Notiere auch die Träume, an die du dich
erinnerst.
- Schau dir den Film *Das Geheimnis des Seehundbabies*
von John Sayles oder einen anderen Kinderfilm mit
Seehunden an und achte auf die Gedanken und Gefühle,
die er in dir auslöst.
- Wenn du das nächste Mal die Gelegenheit dazu hast, verbringe eine Weile am Meer und meditiere über das, was
um dich herum und in dir geschieht.

Taube

Qualität: Gelassenheit

Die Botschaft der Taube

»Meine Kraft liegt offensichtlich nicht in meiner winzigen Statur, in meiner Scheuheit oder meinem albernen Gang. Und deine auch nicht. Aber es ist eine Kraft, die alle illusionäre Macht der Wut, der Aggression, der Rache, Gier, Konkurrenz und Gehässigkeit weit übersteigt. Sie ist ruhiger, sanfter und nicht immer sichtbar, doch sie ist die machtvollste Kraft, die Menschen erleben können. Genau, du hast es erfasst: Es ist die Liebe. Lieben ist viel einfacher, als es sich die meisten Menschen vorstellen, wenn sie alles Wahre, Richtige und Natürliche verkomplizieren. Tu es einfach. Lass deine Liebe erstrahlen und nicht zu vergessen: *Lass andere dich lieben!*

Viele Menschen vergessen, dass etwas zu einem zurückkommen muss, damit sich der Kreislauf vollenden kann. Und die Liebe wird zu dir zurückkommen, du musst nur bereit sein, sie zu empfangen. Dazu brauchst du ein offenes Herz und ein Gemüt, das frei ist von allen Gedanken der Anklage, der Scham und des Verurteilens. Ich werde dir helfen, all das loszulassen, was dich davon abhält, die Gelassenheit und Freude zu empfinden, die entstehen, wenn du Frieden und Harmonie zu deiner höchsten Priorität machst. Bitte betrachte auch die Schatten mit Wertschätzung, aber verliere dich nicht in ihnen und lebe sie nicht aus. Lass das Licht des Heiligen Geistes auf sie strahlen und alles ist gut. Ich liebe dich. Wir alle lieben dich.«

Wenn die Taube dein Krafttier ist, so heißt das:

- Du hast dein Leben dem Frieden und der Harmonie gewidmet. Andere Menschen spüren deine beruhigende Ausstrahlung, sobald du einen Raum betrittst.
- Du bist in gewisser Weise ein Paradox, denn du bist sowohl in deiner Spiritualität hoch entwickelt als auch gut geerdet.
- Du bist sehr sanft, aber auch sehr leidenschaftlich. Dies bringst du auf verschiedene Weise zum Ausdruck, unter anderem auch als LiebhaberIn.
- Dein mütterlicher Instinkt ist sehr ausgeprägt, unabhängig davon, ob du ein Mann oder eine Frau bist. Du bist sehr fürsorglich, nicht nur mit Kindern, sondern auch anderen gegenüber, die dir nahe stehen.

Bitte um die Hilfe der Taube, wenn ...

- du bekümmert bist oder besorgt, verzweifelt oder aufgebracht und dich nach Frieden und Ruhe sehnst.
- du in deiner Partnerbeziehung Schwierigkeiten hast und ihr euch gegenseitig eurer Liebe versichern wollt.
- du den Kontakt zu deinem Glauben verloren hast und dich fühlst, als hätte deine Seele ihre ganze Vitalität verloren. Oder wenn du nach einem tieferen Sinn im Leben suchst.
- ein dir lieber Mensch verstorben ist und du Trost brauchst und dich danach sehnst, mit seiner Seele Kontakt aufzunehmen.

Zugang zur Kraft der Taube

- Lausche auf den klagenden Ruf der Tauben. Du hörst ihn am besten nach Sonnenaufgang oder vor Sonnenuntergang. Atme tief ein, wenn du ihn hörst und achte darauf, welche Gefühle er in dir weckt.
- Widme einen Teil deiner Freizeit einer Institution, wie einem Altenheim oder einem Kinderheim, um die Erfahrung zu machen, für jemanden zu sorgen, ohne dafür materiell entschädigt zu werden.
- Versuche, so gut du kannst, den Ruf der Tauben nachzuahmen, jenes sanfte, leise, kehlige Gurren. Achte darauf, was es in dir auslöst.
- Erstelle eine Liste der dir lieben Verstorbenen und schreibe zu jedem Namen eine kurze Charakteristik dieser Person. Während du mit der Taube meditierst, lies langsam jeden Namen und die Charakteristik durch. Lass alle Gefühle durch dich hindurch in die Erde fließen. Dies wird deinem Herzen mehr Gelassenheit ermöglichen.

Wal

Qualität: Innere Tiefe

Die Botschaft des Wals

»Ich atme zwar Luft, doch ich lebe im Meer, wie es meine Ahnen seit Urzeiten getan haben. Wir haben viele Zyklen der Evolution der Erde miterlebt und sahen viele menschliche Zivilisationen kommen und gehen. Du selbst kamst vor Urzeiten aus dem Meer – in deiner tiefsten Erinnerung weißt du das. So wie du brauche ich sowohl Wasser als auch Luft zum Leben, auch wenn mein Zuhause in den Tiefen der Ozeane liegt. Für dich ist es Herausforderung und Erlösung, dich auf dieses Fließen, auf den Fluss der natürlichen Bewegungen des Lebens einzulassen. Und du musst aufsteigen und Luft holen, wenn du meditiert hast oder in erweiterte Bewusstseinszustände oder kreative Betätigungen versunken warst. Schau dich in der Welt um dich herum gut um, wenn du das tust. Genieße die Luft, die in Fülle zur Verfügung steht. Du kannst dich nicht nur an den Tiefen und Schönheiten deiner inneren Welten erfreuen, sondern auch an deiner äußeren Umgebung. Lausche dabei auf die Klänge der Natur, sowohl die inneren als auch die äußeren. Sie rufen deine alte Seele. Wisse, dass jeder Augenblick eine Wiedergeburt in das Wunder des Lebens ist. Erfreue dich daran!«

Wenn der Wal dein Krafttier ist, so heißt das:

- Du bist sehr unabhängig und eigenbrötlerisch. Nur wenige gute Freunde dürfen wissen, wer du wirklich bist. Manchmal offenbarst du plötzlich und unerwartet etwas von dir, das die anderen dann überrascht.
- Du bist sehr medial begabt. Deine stärksten Fähigkeiten sind die Telepathie und das Hellhören. Nimm diese Begabungen an, entwickle sie und nutze sie zum Wohle anderer.
- Du arbeitest auf irgendeine Art mit Klängen, sei es durch Musik, Singen oder Trommeln und du heilst damit dich selbst und andere.
- Du warst schon immer sehr an den Ursprüngen der Menschheit und unserer Verbindung zu allen anderen Lebensformen interessiert. Im Laufe deines Lebens erhältst du Einsicht in universelle Wahrheiten und spürst den Herzschlag des Universums deutlicher.

Bitte um die Hilfe des Wals, wenn ...

- du dich viel künstlerisch betätigst, aber es bislang nur privat betrieben hast. Nun möchtest du es stärker in die materielle Welt einbringen, um deiner Leidenschaft vollständig Ausdruck zu verleihen.
- du tief in Emotionen eingetaucht bist und jetzt wieder auftauchen möchtest, dich damit jedoch überfordert fühlst.
- du deine Scheu vor verbalem und musikalischem Ausdruck überwinden möchtest. Es ist wichtig, die Tiefe deiner Seele auszudrücken statt deine Persönlichkeit oder dein Ego.

- du mehr Fülle in dein Leben einladen möchtest und dir einen beständigen Geldfluss wünschst.

Zugang zur Kraft des Wals

- Trommle, rassle, spiele indianische Flöte oder Didgeridoo oder lausche einfach eine Weile den Klängen der Natur – allein, mit einem Freund oder in einer Gruppe. Vielleicht entwickeln sich daraus ein paar interessante Klänge, Stücke oder Lieder.
- Verbringe etwas Zeit an einem großen Gewässer, einem See oder dem Meer und entfliehe deinem Alltag. Achte darauf, welche Wirkung das Wasser auf dich hat.
- *Wal-Atmung*: Lege dich auf den Rücken und lass alle Luft aus deiner Lunge. Atme tief ein und atme aus mit einem »Ha«-Klang. Wiederhole dies ein paar Mal in entspanntem Tempo.
- Bringe dich durch Klang zum Ausdruck, sei es durch Tönen oder durch Singen. Experimentiere mit verschiedenen Klängen, bis du einen findest, der sich richtig für dich anfühlt. Dies soll dein Ruf werden. Vielleicht entsteht sogar ein kleines Lied daraus.

Waschbär

Qualität: Findigkeit

Die Botschaft des Waschbären

»Ja, ich gebe es zu, ich bin ein Müllfresser. Irgendwie muss man ja leben. Und dann noch mit all den Kindern und so. Aber ich sage dir: Ich kann fast überall zurechtkommen, in den Wäldern genauso wie in deiner Nachbarschaft. Ich bin anspruchslos, neugierig und finde das, was ich brauche, an den unglaublichsten Orten.

Auch du bist sehr viel schlauer und findiger, als du meinst. Du kannst die dir innewohnende Intelligenz nutzen, um alles Mögliche über dich selbst, andere und deine Welt herauszufinden und brauchst dir nie Sorgen darum zu machen, ob du ein Problem lösen oder eine Schwierigkeit meistern wirst. Es ist besser, nicht jedem gegenüber so offen zu sein und alles über dich auszuplappern. Behalte ein paar Dinge für dich oder teile manche Aspekte deiner selbst nur mit Menschen, denen du absolut vertraust. Das ist eine Frage der intelligenten Zurückhaltung. Ein großer Teil deiner Kreativität findet in der Dunkelheit und nachts statt, würdige das und verlege einen Teil deiner Tätigkeit in diese Zeit. Vertraue deinen Instinkten so sehr, wie es dir als Mensch möglich ist. Sie werden dir gute Dienste erweisen.«

Wenn der Waschbär dein Krafttier ist, so heißt das:

- Du bist sehr geschickt mit den Händen, mit ihnen drückst du dich am besten aus, sei es durch bildhauern, malen, schreiben oder was auch immer. Diese Gabe musst du unbedingt ehren und irgendwie zum Ausdruck bringen, egal was du sonst im Leben tust.
- Du verfügst über eine Reihe verschiedener Persönlichkeitsaspekte, von denen du manche zeigst und andere eher verbirgst. Denke nur daran, wer du in deinem Kern bist und dann erlaube dir, diese verschiedenen Identitäten mitfühlend und ohne sie allzu ernst zu nehmen, zum Ausdruck zu bringen.
- Du fühlst dich überall zuhause, ob du in der Stadt, am Stadtrand, im ländlichen Raum oder in der Wildnis lebst. Du bist sehr anpassungsfähig und kannst dir praktisch überall ein Nest bauen.
- Du bist einfach unglaublich einfallsreich und geschickt darin, das aufzustöbern, was du gerade brauchst. In schwierigen Situationen nutzt du diesen Einfallsreichtum, um kreative Lösungen zu entwickeln.

Bitte um die Hilfe des Waschbären, wenn ...

- du dich unter Druck fühlst, den Ansprüchen von anderen gerecht zu werden und dir deine Unabhängigkeit erhalten willst oder mit der Vielfalt deiner Persönlichkeitsaspekte besser zurechtkommen möchtest.
- du vor einer Aufgabe stehst, bei der du geschickte Hände brauchst.
- du dich nach Abenteuern sehnst, entweder weil du in deiner Arbeit oder einer Beziehung festgefahren bist oder ohne jeden Grund.

- du dich in einer neuen Situation befindest, die schwierig und frustrierend ist, und du mehr Flexibilität brauchst, um dich an diese Umstände anzupassen, ohne deine persönliche Integrität aufzugeben.

Zugang zur Kraft des Waschbären

- Spiele mit Masken. Du kannst dafür zu einem Masken-Workshop gehen oder dir ein paar Masken kaufen und ausprobieren, wie du dich damit fühlst.
- Kleide dich anders als gewöhnlich. Wenn du normalerweise elegant angezogen bist, kleide dich lässig und umgekehrt. Geh dann an einen öffentlichen Ort, wo dich kaum jemand kennt und probiere verschiedene Körperhaltungen, Gesichtsausdrücke und Arten des Gehens aus. Achte darauf, wie es dir dabei geht, dich so zu verstellen.
- Liste alle deine Ressourcen vollständig auf, dazu gehören deine persönlichen Eigenschaften, Talente und Fertigkeiten, Erinnerungen an Erfolge, Freunde und Bekannte sowie Ressourcen, die sich vielleicht aus deiner Spiritualität oder deiner Gemeinde ergeben. Bewahre diese Liste gut auf, damit du sie hervorholen kannst, wenn du vor einer schwierigen Situation stehst oder dich überfordert fühlst
- Statt eine große Mahlzeit zuzubereiten, durchstöbere deine Vorratsschränke und deinen Kühlschrank nach kleinen Portionen unterschiedlicher Nahrungsmittel, die du auffuttern kannst.

Wolf

Qualität: Hüter

Die Botschaft des Wolfes

»Ein Blick in meine Augen und du kannst sehen, wer ich wirklich bin. Ähnlich wie manche unserer vierbeinigen Brüder und Schwestern haben wir einen schlechten Ruf. Doch wir wollen niemandem schaden. Mit allen, die ihr Leben geben, damit wir leben können, haben wir Seelenvereinbarungen. Ich liebe meine Familie. Ohne falsche Bescheidenheit kann ich sagen, dass ich ein erstklassiger Hüter und Lehrer bin. Ich nehme diese Rolle ernst, nicht als Belastung, sondern als willkommene Aufgabe und Verbindlichkeit. Die besten Lehren entstehen aus Beispielen und Geschichten, nicht aus Vorträgen und grundsätzlichen Regeln. Auch du hast die natürliche Verantwortung, andere zu lehren, nicht Dinge des Verstandes, sondern Herzens- und Seelendinge. Lehre sie, wie man mit anderen harmonisch zusammenleben kann, nicht durch Anweisungen, sondern durch dein Vorbild und durch persönliche und mythische Geschichten. Finde das Gleichgewicht zwischen wahrer Freiheit und gegenseitiger Abhängigkeit, es ist das Charakteristikum des Zusammenlebens. Du musst niemandem beweisen, wer du bist, und du musst auch nicht beweisen, dass du Recht hast. Vertraue auf dich und deinen Platz in der Gemeinschaft. Fürchte dich nicht davor, die Führung zu übernehmen oder hervorzutreten und zögere nie, die Führung wieder abzugeben, wenn die Zusammenarbeit und die Harmonie dies erfordern.«

Wenn der Wolf dein Krafttier ist, so heißt das:

- Du hast einen stark ausgeprägten Familien- und Gemein-schaftssinn, ein intuitives Gespür für soziale Ordnung und bist sehr offen darin, deiner Familie und deinen Freunden gegenüber Zuneigung zu zeigen und zu emp-fangen.
- Du fühlst dich unwohl, wenn Leute rein intellektuell reden, doch du entspannst dich in der Gesellschaft von Menschen, die vom Herzen oder vom Bauch aus kommu-nizieren. Deine Antennen sind sehr empfindsam und du merkst sofort, wenn etwas nicht stimmt.
- Du bist sehr ausdrucksstark, sowohl verbal als auch non-verbal. Du kannst sehr leidenschaftlich und anschaulich Geschichten erzählen.
- Du vermeidest Konfrontationen, aber wenn du mit dem Rücken an der Wand stehst, kämpfst du. Normalerweise ist das jedoch nicht nötig, da allein deine Präsenz anderen natürlicherweise Respekt einflößt.

Bitte um die Hilfe des Wolfes, wenn ...

- du dich verloren fühlst, sei es in einer Beziehung, einem Projekt, der Berufswahl oder wenn du deinen Lebensweg aus den Augen verloren hast.
- du es schwierig findest, zu erkennen, ob jemand die Wahrheit sagt, nicht unbedingt im faktischen Sinne, sondern ob er wirklich vom Herzen her spricht.
- du das Bedürfnis nach mehr Schutz hast vor psychischen oder körperlichen Angriffen.
- du deine Kommunikation verbessern willst, indem du mehr Körpersprache und stimmlichen Ausdruck entwi-

ckelst, sei es für eine Präsentation oder einfach für deine
tägliche Kommunikation.

- du bemerkst, dass du dich sozial polarisiert hast, indem
  du dich isolierst oder dich übermäßig auf andere eingelassen hast, und du wieder mehr Gleichgewicht herstellen
  möchtest.

Zugang zur Kraft des Wolfes

- Erzähle eine Geschichte aus deiner persönlichen Erfah-
  rung und übertreibe dabei deine Körpersprache –
  deine Gestik, deine Mimik, deine Haltung und deine
  Stimmlagen. Du kannst dies vor einer anderen Person
  oder einer Gruppe ausprobieren.
- Zeige deiner Familie und deinen Freunden, dass du sie
  liebst, sowohl durch Worte als auch durch einfache, lie-
  bevolle Gesten.
- Übe einen Tag lang, in jeder wichtigen Erfahrung die
  Lektion zu erkennen.
- Wenn dein Leben stagniert, mach dich auf zu neuen
  Abenteuern oder geh auf eine Reise, mit oder ohne Ziel.

Nachwort

Ein Gebet für die wilden Wesen

Oh Großer Geist, wir kommen zu dir in Liebe und Dankbarkeit für all die lebenden Wesen. Wir beten insbesondere für unsere wildlebenden Verwandten – die vierbeinigen, die geflügelten, jene, die im Wasser leben und jene, die auf dem Lande kriechen. Segne sie, auf dass sie weiterhin in Freiheit leben mögen und ihr Recht, wild zu sein, genießen können.
Erfülle unsere Herzen mit Toleranz, Wertschätzung und Respekt für alle lebenden Wesen, auf dass wir in Harmonie und Frieden miteinander leben mögen.

Wir können ohne unsere Freunde, die Tiere, nicht leben. Sie geben uns so viel und ohne sie hätten wir niemals so lange überlebt. Durch ihre Existenz berühren sie das Wilde und Instinktive in jedem von uns. Unsere Haustiere schenken uns ihre unvergleichliche Freundschaft und Liebe.

Ich habe dieses Buch geschrieben, um uns daran zu erinnern, auf welch vielschichtige Weise wir mit allen Geschöpfen Gottes verbunden und verflochten sind. Deine Verbindung zu deinen Geistführern aus dem Tierreich öffnet dir eine Schatztruhe, die sich nie wieder schließen wird. Durch deine Bereitschaft, mit diesen geistigen Wesen zu arbeiten, wirst du eine tiefere und innigere Beziehung zu den auf der Erde lebenden Tieren entwickeln. Du wirst auch deine eigene Instinktnatur besser schätzen und achten. So wächst dein Vertrauen in ihre Fähigkeit, dich durch die Freuden und Herausforderungen des Lebens in der heutigen Welt zu führen.

Auch wenn du bereits Beziehungen zu anderen Geistführern hast, werden deine Krafttiere dir auf vielfache Weise helfen können. Mögest du mit deinen Krafttieren viele Abenteuer erleben und wissen, dass du immer sicher und behütet bist – in dieser Welt und in der geistigen Welt.

Mitakuye Oyasin
(Für alle meine Beziehungen),
Steven Farmer
Laguna Beach, Kalifornien

Anhang

Schlüsselmerkmale der Krafttiere

Tier	Eigenschaft
Adler	Der Große Geist
Bär	Innenschau
Biber	Produktivität
Büffel	Versorgung
Delfin	Kommunikation
Eichhörnchen	Vorbereitung
Eidechse	Traumzeit
Elefant	Entschlossenheit
Eule	Weisheit
Frosch	Läuterung
Fuchs	Gestaltwandel
Giraffe	Vorausschau
Habicht	Perspektive
Känguru	Fülle
Kaninchen	Fruchtbarkeit
Kojote	Paradox
Kolibri	Freude
Libelle	Licht
Löwe	Würde
Luchs	Geheimnisse und Vertraulichkeiten
Opossum	Strategie
Otter	Das innere Weibliche
Panther (Leopard / Jaguar)	Leidenschaft
Pferd	Freiheit
Puma (Berglöwe)	Führungskraft
Rabe (Krähe)	Magie

Reh	Sanftmut
Schildkröte/Seeschildkröte	Mutter Erde
Schlange	Auferstehung
Schmetterling	Transformation
Schwan	Anmut
Seehund (Robbe/Seelöwe)	Vorstellungskraft
Taube	Gelassenheit
Wal	Innere Tiefe
Waschbär	Findigkeit
Wolf	Hüter

Literaturempfehlungen

Deutschsprachige Literatur:
Andrews, Ted: Die Botschaft der Krafttiere
Boone, J. Allen: Die große Gemeinschaft der Schöpfung
Farmer, Steven D.: Krafttier-Karten
Harner, Michael: Der Weg des Schamanen
Sams, Jamie und David Carson: Karten der Kraft

Englischsprachige Literatur:
King, Scott Alexander: Animal Dreaming. Victoria, Australia:
   Project Art and Photo, 2003
Conway, D. J.: Animal Magick. Llewellyn Publications:
   St. Paul, Minnesota, 2002
Steiger, Brad: Totems: The Transformative Power of Your
   Personal Animal Totem. HarperSanFrancisco: 1997
Brown jr., Tom: The Vision. New York: The Berkley
   Publishing Group, 1988

Organisationen

Neben dem World Wildlife Fund, Greenpeace und dem Bund
Bürgerinitiativen Umweltschutz gibt es in Deutschland viele,
vor allem örtliche Organisationen zum Schutz der Tiere und
der Umwelt. Dazu gehören die örtlichen Tierschutzvereine,
die Ortsgruppen des Naturschutzbundes Deutschland und
viele andere private Initiativen.
Hier noch eine zufällige Auswahl von Internet-Adressen:
www.pro-animale.de; www.animal-public.de; www.regen-
wald.org; www.drv-web.de (Vogelschutz);
www.oceancare.org; www.prowildlife.de und viele andere.

Danksagung

Zuerst und vor allem danke ich meiner Muse, Kameradin, Frau, Liebsten und Freundin Doreen. *Mi destino eres Tú; Eras y siempre serás Tú.*

Allen, die dieses Projekt unterstützt und inspiriert und dafür gebetet haben, danke ich:

Kevin Buck, Lynnette Brown, Chris Prelitz, Becky Prelitz, Alan Garner, Carol Michaels, Gary Miller, Martha Granados, Shannon Kennedy, Liz Dawn, Ariel Wolfe, Holmes Bryant und Dan Clark. Meine Freunde, meine Sippe!

Michelle Pilley, Megan Slyfield und Jo Lal, weil sie mich bei diesem Projekt in die richtige Richtung geführt haben.

Leon, Kristen, Rachelle und der restlichen Bande von Hay House Australia und all den wundervollen Leuten bei Oz, vor allem Sethlans und Kusine Leela.

Ted Andrews, Jamie Sams, Brad Steiger, D. J. Conway, Michael Harner und Jade Wah'oo-Grigori für ihre klaren, gut geerdeten Lehren und Texte, die so inspirierend und hilfreich sind.

Eric »Animal Chin« Nesmith für seine tollen Tierproträts.

Scott Alexander King für sein grandioses Buch über australische Tiere.

Christina Redfern, die sich in unserer Abwesenheit um Pismo kümmerte.

All die Leute von Hay House: Louise Hay für ihre inspirierende Führung, Reid Tracy für seine Ermutigung und seinen Glauben an dieses Projekt, Jill Kramer und Shannon Littrell für die Korrekturen, Christy Salinas und Amy Rose Szalkiewicz für ihre künstlerische Arbeit und Richelle Zizian für ihre Begeisterung

Zuletzt danke ich all den Geistwesen, besonders den Tieren, die mich drängten, führten, immer wieder an den Sinn dieses Projekts erinnerten und mich mit ihrer Inspiration und Kommunikation segneten. Dies ist für euch.

Über den Autor

Dr. Steven D. Farmer ist Psychotherapeut, schamanischer Heiler und Priester. Seit mehr als 30 Jahre ist er als professioneller Heiler und Lehrer tätig und hat mehrere Bücher verfasst. Auf Deutsch ist das Kartenset »Krafttier-Karten« sowie die CD »Krafttiere« erschienen. Zusammen mit seiner Frau Doreen Virtue lebt er in Laguna Beach in Kalifornien. Weitere Informationen unter www.PowerAnimals.com

Steven Farmer
Krafttiere

*Fünf unterschiedliche Meditationen
für die schamanische Reise*

Von den fünf unterschiedlichen Meditationen sind die beiden ersten geführte Reisen (auf Deutsch), die drei anderen sind ohne Worte. Das erste Stück ist eine Anleitung zum Rufen deines Krafttieres. Das zweite Stück führt dich auf eine Reise gemeinsam mit deinem Krafttier, bei der du es um Rat fragen kannst. Die anderen drei Titel ohne Worte helfen dir, dich von der Trommel, von der Rassel oder vom Didgeridoo in Trance versetzen zu lassen. So kannst du selbstständige Reisen zu deinem Krafttier unternehmen.

CD, 60 min
€ 12,95

Steven Farmer
Krafttier Karten
44 Karten, 120 Seiten Begleitbuch
€ 17,95
ISBN 978-3-936862-97-3

Krafttiere sind Geistführer in Tierform. Naturvölker in aller Welt glauben, dass ihnen die Tiergeister durch ihre spirituellen Kräfte im täglichen Leben Schutz, Rat und Heilung bieten.
Orakelkarten sind eine alte Methode, sich Rat zu holen, einen Blick in die Zukunft zu werfen oder die in einer Situation oder Beziehung steckende Wahrheit aufzudecken. Die Krafttier-Karten dienen dazu, klar mit den geistigen Führern aus der Tierwelt zu kommunizieren, um Fragen aus dem Leben zu beantworten und intuitive Hinweise über die weitere Reise zu erhalten. Jede dieser Karten trägt die Essenz eines bestimmten Krafttieres in sich. Das Begleitbuch beschreibt die Bedeutung der einzelnen Karten und enthält eine gechannelte Botschaft von jeder der 44 vertretenen Tierarten.

Doreen Virtue
Engel begleiten deinen Weg
44 Karten mit Begleitbuch 72 Seiten
Schöne Engelbilder von alten Meistern
Karten mit Goldrand
€ 17,95
ISBN 978-3-936862-71-3

Engel begleiten unseren Weg, ob wir uns ihrer bewusst sind oder nicht. Dieses Kartenset ist ein für jeden ganz einfach zu praktizierender Weg, um herauszufinden, welcher Engel gerade an unserer Seite steht, uns seine Hilfe anbietet oder uns eine Botschaft zukommen lassen möchte. Auf jeder Karte steht unter einer wunderbaren Engeldarstellung eine kurze Botschaft, die im Begleitbuch näher erläutert wird